ÚLTIMOS CANTOS

Gonçalves Dias

[1851]

REDACIONAL EDITORA
2016

Capa: Francis Weslen Raimundo Longo
Studio Eureka

D541u	Dias, Antônio Gonçalves. Últimos cantos / Antônio Gonçalves Dias. – 2016 Redacional Editora : Londrina, 2016. 142f, 23 cm. ISBN: 978-85-99191-34-7 1. Poesia Brasileira. 2. Romantismo. 3. Literatura Brasileira I. Título. CDD B869.91 CDU: 821.134.3(81)-1

Contato:
redacional@hotmail.com
(43) 3339-8298
Londrina -PR

Redacional
Livraria e Editora

SUMÁRIO

Biografia

Antônio Gonçalves Dias (1823-1864), poeta e teatrólogo brasileiro, patrono da cadeira nº 15 da Academia Brasileira de Letras, nasceu nos arredores de Caxias, no Maranhão. Era filho de um comerciante português e uma mestiça. Em 1838, começou curso secundário no Colégio das Artes em Coimbra. Dois anos depois, começou a cursar Direito na Universidade de Coimbra, onde entrou em contato com escritores como Almeida Garret, Alexandre Herculano e Feliciano de Castilho. Foi em Coimbra, em 1843, que escreveu o famoso poema "Canção do Exílio", publicado no livro *Primeiros Cantos*, Rio de Janeiro em 1846. Retornou ao Brasil em 1845. Em 1848 publica o livro "Segundos Cantos".

Em 1849, é nomeado professor de Latim e História do Brasil no Colégio Pedro II. Já em 1851 publica os *Últimos Cantos*. Regressa ao Maranhão, e conhece Ana Amélia Ferreira do Vale, por quem se apaixona. Por ele ser mestiço, a família dela proíbe o casamento. Mais tarde casa-se com Olímpia da Costa.

Exerceu o cargo de oficial da Secretaria de Negócio Estrangeiros, e teve de ir diversas vezes à Europa. Em Portugal, voltou a rever Ana Amélia, já casada com um mestiço, para sua surpresa. Esse encontro inspira o poeta a escrever o poema "Ainda Uma Vez — Adeus!".

No dia 3 de novembro de 1864, o navio francês Ville de Boulogne em que estava, naufraga perto do Farol de Itacolomi, na costa do Maranhão, onde falece por afogamento.

Bibliografia

Um Anjo, romance, 1843
Beatriz Cenci, teatro, 1843
Patkull, teatro, 1843
Primeiros Cantos, poesia, 1847
Leonor de Mendonça, drama, 1847
Segundos Cantos, poesia, 1848
Sextilhas do Frei Antão, poesia, 1848
Últimos Cantos, poesia, 1851
Os Timbiras, poesia, 1857 (inacabado)
Dicionário da Língua Tupi, 1858
Líria Vária, poesia, 1869 (obra póstuma)

DEDICATÓRIA

MEU CARO E SAUDOSO AMIGO DR. ALEXANDRE TEOFILO DE CARVALHO LEAL, OFERECENDO-LHE ESTE VOLUME DE POESIAS QUANDO PELA PRIMEIRA VEZ FORAM IMPRESSAS*

Eis os meus últimos cantos, o meu último volume de poesias soltas, os últimos harpejos de uma lira, cujas cordas foram estalando, muitas aos balanços ásperos da desventura, e outras, talvez a maior parte, com as dores de um espirito enfermo, — fictícias, mas nem por isso menos agudas, — produzidas pela imaginação, como se a realidade já não fosse por si bastante penosa, ou que a espirito, afeito a certa dose de sofrimento, se sobressaltasse de sentir menos prezada a costumada carga.

No meio de rudes trabalhos, de ocupações estéreis, de cuidados pungentes, — inquieto do presente, incerto do futuro, derramando um olhar cheio de lagrimas e saudades sobre o meu passado — percorri este primeiro estágio da minha vida literária. Desejar e sofrer — eis toda a minha vida neste período ; e estes desejos imensos, indizíveis, e nunca satisfeitos, — caprichosos como a imaginação,— vagos como o oceano, — e terríveis como a tempestade ; — e estes sofrimentos de todos os dias, de todos os instantes, obscuros, implacáveis, renascentes, — ligados a minha existência, reconcentrados em minha alma, devorados comigo, — umas vezes me deixarão sem força e sem coragem, e se reproduzirão em pálidos reflexos do que eu sentia, ou me forçarão a procurar um alivio, uma distração no estudo, e a esquecer-me da realidade com as ficções do ideal.

Se as minhas pobres composições não foram inteiramente inúteis ao meu país; se algumas vezes tive o maior prazer que me foi dado sentir — a mais lisonjeira recompensa a que poderia aspirar, — de as ouvir estimadas pelos homens da arte, daqueles, que segundo o poeta, porque a entendem, a estimam, e repetidas por aquela classe do povo, que só de cor as poderia ter aprendido, isto é, dos outros que a compreendem, porque a sentem, porque a adivinhão — paguei bem caro esta momentânea celebridade com decepções profundas, com desenganos amargos, e com a lenta agonia de um martírio ignorado.

---

* Publicado originalmente em 1851, pela tipografia de Paula Brito.

Melhor que ninguém o sabes: podes a teu grado sondar os arcanos da minha consciência, e não te será difícil descobrir o segredo das minhas tristes inspirações. Os meus primeiros, os meus últimos cantos são teus: o que sou, o que for, a ti o devo, — a ti, ao teu nobre coração, que durante os melhores anos da juventude bateu constantemente ao meu lado,— a aragem benfazeja da tua amizade solícita e desvelada,— a tua voz que me animava e consolava, — a tua inteligência que me vivificava — ao prodígio de duas Índoles tão assimiladas, de duas almas tão irmãs, tão gêmeas, que uma delias rematava o pensamento apenas enunciado da outra, e aos sentimentos uníssonos de dois corações, que mutuamente se falavam, se interpretavam, se respondiam sem o auxílio de palavras. Duplicada a minha existência, não era muito que eu me sentisse com forças para abalançar-me a esta empresa; e agora que em parte a tenho concluído, é um dever de gratidão, um dever para que sou atraído por todas as potencias da minha alma, escrever aqui o teu nome, como talvez seja o derradeiro que escreverei em minhas obras, o ultimo que os meus lábios pronunciem, se nos paroxismos da morte se poder destacar inteiramente do meu coração.

Ser-me-ia doloroso não cumprir os teus desejos, — não satisfazer as esperanças, que em mim tinhas depositado, — não realizar a expectação da tua desinteressada amizade. Entrei na luta, e procurei disputar ao tempo uma fraca parcela da sua duração, não por amor do orgulho, nem por amor da gloria; mas para que, depois da morte de ambos, uma só que fosse das minhas produções sobrenadasse no olvido, e por mais uma geração estendesse a memória tua e minha. Assim passa a onda sobre um navio que soçobra, e atira á praias desconhecidas os destroços de um mastro embrulhado nas vestes dos navegantes.

Entrei na luta, e por mais algum tempo continuarei nela, variando apenas o sentido dos meus cantos. A f é e o entusiasmo, o óleo e o pabulo da lâmpada que alumia as composições do artista, vão-se-me esfriando dentro do peito; eu o conheço e o sinto; se pois ainda persisto nesta carreira é por teu respeito: continuarei — até que satisfeito dos meus esforços me digas: basta! — Então, já to hei dito, voltarei gostoso á obscuridade, donde não devera ter sabido, e — como um soldado desconhecido— contarei os meus triunfos pelas minhas feridas, voltando a habitação singela, onde me correram, não felizes, mas os primeiros dias da minha infância.

Minha alma não está comigo, não anda entre os nevoeiros dos Órgãos, envolta em neblina, balouçada em castelos de nuvens, nem rouquejando na voz do trovão. Lá está ela! — lá está a espreguiçar-se nas vagas de S. Marcos, a rumorejar nas folhas dos mangues, a sussurrar nos leques das palmeiras: lá está ela nos sítios que os meus olhos sempre virão, nas paisagens que eu amo, onde se avista a palmeira esbelta, o cajazeiro coberto de cipós, e o pau d'arco coberto de flores amarelas. Ali sim, — ali está —desfeita em lagrimas nas folhas das bananeiras — desfeita em orvalho sobre as nossas flores, desfeita em harmonia sobre os nossos bosques, sobre os nossos rios, sobre os nossos mares, sobre tudo que eu amo, e que em bem veja eu em breve! Aí, outra vez remoçado e vivificado de todos os anos que esperdicei, poderei enxugar os meus vestidos, voltar aos gozos de uma vida ignorada, e do meu lar tranquilo ver outros mais corajosos e mais felizes que eu afrontar as borrascas desencadeadas no oceano, que eu houver para sempre deixado atrás de mim.

Rio de Janeiro, 17 de agosto de 1850
A. GONÇALVES DIAS

POESIAS AMERICANAS

O GIGANTE DE PEDRA

O guerriers! ne laissez pas ma dépouille au corbeau!
Ensevelissez-moi parmi des monts sublimes,
Afin que l'étranger cherche, en voyant leurs cimes,
Quelle montagne est mon tombeau!
V.Hugo.Le Géant.

I

Gigante orgulhoso, de fero semblante,
Num leito de pedra lá jaz a dormir!
Em duro granito repousa o gigante,
Que os raios somente puderam fundir.

Dormido atalaia no serro empinado
Devera cuidoso, sanhudo velar;
O raio passando o deixou fulminado,
E à aurora, que surge, não há de acordar!

Co'os braços no peito cruzados nervosos,
Mais alto que as nuvens, os céus a encarar,
Seu corpo se estende por montes fragosos,
Seus pés sobranceiros se elevam do mar!

De lavas ardentes seus membros fundidos
Avultam imensos: só Deus poderá
Rebelde lançá-lo dos montes erguidos,
Curvados ao peso, que sobre lhe 'stá.

E o céu, e as estrelas e os astros fulgentes
São velas, são tochas, são vivos brandões,
E o branco sudário são névoas algentes,
E o crepe, que o cobre, são negros bulcões.

Da noite, que surge, no manto fagueiro
Quis Deus que se erguesse, de junto a seus pés,
A cruz sempre viva do sol no cruzeiro,
Deitada nos braços do eterno Moisés.

Perfumam-no odores que as flores exalam,
Bafejam-no carmes de um hino de amor
Dos homens, dos brutos, das nuvens que estalam,
Dos ventos que rugem, do mar em furor.

E lá na montanha, deitado dormido
Campeia o gigante, — nem pode acordar!
Cruzados os braços de ferro fundido,
A fronte nas nuvens, os pés sobre o mar!

II

Banha o sol os horizontes,
Trepa os castelos dos céus,
Aclara serras e fontes,
Vigia os domínios seus:
Já descai p'ra o ocidente,
E em globo de fogo ardente
Vai-se no mar esconder;
E lá campeia o gigante,
Sem destorcer o semblante,
Imóvel, mudo, a jazer!

Vem a noite após o dia,
Vem o silêncio, o frescor,
E a brisa leve e macia,
Que lhe suspira ao redor;
E da noite entre os negrores,
Das estrelas os fulgores
Brilham na face do mar:
Brilha a lua cintilante,
E sempre mudo o gigante,
Imóvel, sem acordar!

Depois outro sol desponta,
E outra noite também,
Outra lua que aos céus monta,
Outro sol que após lhe vem:
Após um dia outro dia,
Noite após noite sombria,
Após a luz o bulcão,

E sempre o duro gigante,
Imóvel, mudo, constante
Na calma e na cerração!

Corre o tempo fugidio,
Vem das águas a estação,
Após ela o quente estio;
E na calma do verão
Crescem folhas, vingam flores,
Entre galas e verdores
Sazonam-se frutos mil;
Cobrem-se os prados de relva,
Murmura o vento na selva,
Azulam-se os céus de anil!

Tornam prados a despir-se,
Tornam flores a murchar,
Tornam de novo a vestir-se,
Tornam depois a secar;
E como gota filtrada
De uma abóbada escavada
Sempre, incessante a cair,
Tombam as horas e os dias,
Como fantasmas, sombrias,
Nos abismos do porvir!

E no féretro de montes
Inconcusso, imóvel, fito,
Escurece os horizontes
O gigante de granito.
Com soberba indiferença
Sente extinta a antiga crença
Dos Tamoios, dos Pajés;
Nem vê que duras desgraças,
Que lutas de novas raças
Se lhe atropelam aos pés!

III
E lá na montanha deitado dormido
Campeia o gigante! — nem pode acordar!

Cruzados os braços de ferro fundido,
A fronte nas nuvens, e os pés sobre o mar!...

IV
Viu primeiro os íncolas
Robustos, das florestas,
Batendo os arcos rígidos,
Traçando homéreas festas,
À luz dos fogos rútilos,
Aos sons do murmuré!
E em Guanabara esplêndida
As danças dos guerreiros,
E o Guau cadente e vário
Dos moços prazenteiros,
E os cantos da vitória
Tangidos no boré.

E das igaras côncavas
A frota aparelhada,
Vistosa e formosíssima
Cortando a undosa estrada,
Sabendo, mas que frágeis,
Os ventos contrastar:
E a caça leda e rápida

Por serras, por devesas,
E os cantos da janúbia
Junto às lenhas acesas,
Quando o tapuia mísero
Seus feitos vai narrar!

E o germe da discórdia
Crescendo em duras brigas,
Ceifando os brios rústicos
Das tribos sempre amigas,
— Tamoi a raça antígua,
Feroz Tupinambá.
Lá vai a gente impróvida,
Nação vencida, imbele,
Buscando as matas ínvias,

Donde outra tribo a expele;
Jaz o pajé sem glória,
Sem glória o maracá.

Depois em naus flamívomas
Um troço ardido e forte,
Cobrindo os campos úmidos
De fumo, e sangue, e morte,
Traz dos reparos hórridos
D'altíssimo pavês:
E do sangrento pélago
Em míseras ruínas
Surgir galhardas, límpidas
As portuguesas quinas,
Murchos os lises cândidos
Do impróvido gaulês!

V
Mudaram-se os tempos e a face da terra,
Cidades alastram o antigo paul;
Mas inda o gigante, que dorme na serra,
Se abraça ao imenso cruzeiro do sul.

Nas duras montanhas os membros gelados,
Talhados a golpes de ignoto buril,
Descansa, ó gigante, que encerras os fados,
Que os términos guardas do vasto Brasil.

Porém se algum dia fortuna inconstante
Puder-nos a crença e a pátria acabar,
Arroja-te às ondas, o duro gigante,
Inunda estes montes, desloca este mar!

LEITO DE FOLHAS VERDES

Por que tardas, Jatir, que tanto a custo
À voz do meu amor moves teus passos?
Da noite a viração, movendo as folhas,
Já nos cimos do bosque rumoreja.

Eu sob a copa da mangueira altiva
Nosso leito gentil cobri zelosa
Com mimoso tapiz de folhas brandas,
Onde o frouxo luar brinca entre flores.

Do tamarindo a flor abriu-se, há pouco,
Já solta o bogari mais doce aroma!
Como prece de amor, como estas preces,
No silêncio da noite o bosque exala.

Brilha a lua no céu, brilham estrelas,
Correm perfumes no correr da brisa,
A cujo influxo mágico respira-se
Um quebranto de amor, melhor que a vida!

A flor que desabrocha ao romper d'alva
Um só giro do sol, não mais, vegeta:
Eu sou aquela flor que espero ainda
Doce raio do sol que me dê vida.

Sejam vales ou montes, lago ou terra,
Onde quer que tu vás, ou dia ou noite,
Vai seguindo após ti meu pensamento;
Outro amor nunca tive: és meu, sou tua!

Meus olhos outros olhos nunca viram,
Não sentiram meus lábios outros lábios,
Nem outras mãos, Jatir, que não as tuas
A arazóia na cinta me apertaram.

Do tamarindo a flor jaz entreaberta,
Já solta o bogari mais doce aroma
Também meu coração, como estas flores,
Melhor perfume ao pé da noite exala!

Não me escutas, Jatir! nem tardo acodes
À voz do meu amor, que em vão te chama!
Tupã! lá rompe o sol! do leito inútil
A brisa da manhã sacuda as folhas!

I-JUCA-PIRAMA

I

No meio das tabas de amenos verdores,
Cercadas de troncos - cobertos de flores,
Alteiam-se os tetos d'altiva nação;
São muitos seus filhos, nos ânimos fortes,
Temíveis na guerra, que em densas coortes
Assombram das matas a imensa extensão.
São rudos, severos, sedentos de glória,
Já prélios incitam, já cantam vitória,
Já meigos atendem à voz do cantor:
São todos Timbiras, guerreiros valentes!
Seu nome lá voa na boca das gentes,
Condão de prodígios, de glória e terror!
As tribos vizinhas, sem forças, sem brio,
As armas quebrando, lançando-as ao rio,
O incenso aspiraram dos seus maracás:
Medrosos das guerras que os fortes acendem,
Custosos tributos ignavos lá rendem,
Aos duros guerreiros sujeitos na paz.
No centro da taba se estende um terreiro,
Onde ora se aduna o concílio guerreiro
Da tribo senhora, das tribos servis:
Os velhos sentados praticam d'outrora,
E os moços inquietos, que a festa enamora,
Derramam-se em torno dum índio infeliz.
Quem é? - ninguém sabe: seu nome é ignoto,
Sua tribo não diz: - de um povo remoto
Descende por certo - dum povo gentil;
Assim lá na Grécia ao escravo insulano
Tornavam distinto do vil muçulmano
As linhas corretas do nobre perfil.
Por casos de guerra caiu prisioneiro
Nas mãos dos Timbiras: - no extenso terreiro
Assola-se o teto, que o teve em prisão;
Convidam-se as tribos dos seus arredores,
Cuidosos se incubem do vaso das cores,
Dos vários aprestos da honrosa função.
Acerva-se a lenha da vasta fogueira

Entesa-se a corda da embira ligeira,
Adorna-se a maça com penas gentis:
A custo, entre as vagas do povo da aldeia
Caminha o Timbira, que a turba rodeia,
Garboso nas plumas de vário matiz.
Em tanto as mulheres com leda trigança,
Afeitas ao rito da bárbara usança,
índio já querem cativo acabar:
A coma lhe cortam, os membros lhe tingem,
Brilhante enduape no corpo lhe cingem,
Sombreia-lhe a fronte gentil canitar,

II
Em fundos vasos d'alvacenta argila
        Ferve o cauim;
Enchem-se as copas, o prazer começa,
        Reina o festim.
O prisioneiro, cuja morte anseiam,
        Sentado está,
O prisioneiro, que outro sol no ocaso
        Jamais verá!
A dura corda, que lhe enlaça o colo,
        Mostra-lhe o fim
Da vida escura, que será mais breve
        Do que o festim!
Contudo os olhos d'ignóbil pranto
        Secos estão;
Mudos os lábios não descerram queixas
        Do coração.
Mas um martírio, que encobrir não pode,
        Em rugas faz
A mentirosa placidez do rosto
        Na fronte audaz!
Que tens, guerreiro? Que temor te assalta
        No passo horrendo?
Honra das tabas que nascer te viram,
        Folga morrendo.
Folga morrendo; porque além dos Andes
        Revive o forte,
Que soube ufano contrastar os medos

Da fria morte.
Rasteira grama, exposta ao sol, à chuva,
Lá murcha e pende:
Somente ao tronco, que devassa os ares,
O raio ofende!
Que foi? Tupã mandou que ele caísse,
Como viveu;
E o caçador que o avistou prostrado
Esmoreceu!
Que temes, ó guerreiro? Além dos Andes
Revive o forte,
Que soube ufano contrastar os medos
Da fria morte.

III
Em larga roda de novéis guerreiros
Ledo caminha o festival Timbira,
A quem do sacrifício cabe as honras,
Na fronte o canitar sacode em ondas,
O enduape na cinta se embalança,
Na destra mão sopesa a iverapeme,
Orgulhoso e pujante. - Ao menor passo
Colar d'alvo marfim, insígnia d'honra,
Que lhe orna o colo e o peito, ruge e freme,
Como que por feitiço não sabido
Encantadas ali as almas grandes
Dos vencidos Tapuias, inda chorem
Serem glória e brasão d'imigos feros.
"Eis-me aqui", diz ao índio prisioneiro;
"Pois que fraco, e sem tribo, e sem família,
"As nossas matas devassaste ousado,
"Morrerás morte vil da mão de um forte."
Vem a terreiro o mísero contrário;
Do colo à cinta a muçurana desce:
"Dize-nos quem és, teus feitos canta,
"Ou se mais te apraz, defende-te." Começa
O índio, que ao redor derrama os olhos,
Com triste voz que os ânimos comove.

IV
Meu canto de morte,
Guerreiros, ouvi:
Sou filho das selvas,
Nas selvas cresci;
Guerreiros, descendo
Da tribo tupi.

Da tribo pujante,
Que agora anda errante
Por fado inconstante,
Guerreiros, nasci;
Sou bravo, sou forte,
Sou filho do Norte;
Meu canto de morte,
Guerreiros, ouvi.

Já vi cruas brigas,
De tribos imigas,
E as duras fadigas
Da guerra provei;
Nas ondas mendaces
Senti pelas faces
Os silvos fugaces
Dos ventos que amei.

Andei longes terras
Lidei cruas guerras,
Vaguei pelas serras
Dos vis Aimoréis;
Vi lutas de bravos,
Vi fortes - escravos!
De estranhos ignavos
Calcados aos pés.

E os campos talados,
E os arcos quebrados,
E os piagas coitados
Já sem maracás;
E os meigos cantores,

Servindo a senhores,
Que vinham traidores,
Com mostras de paz.

Aos golpes do imigo,
Meu último amigo,
Sem lar, sem abrigo
Caiu junto a mi!
Com plácido rosto,
Sereno e composto,
O acerbo desgosto
Comigo sofri.

Meu pai a meu lado
Já cego e quebrado,
De penas ralado,
Firmava-se em mi:
Nós ambos, mesquinhos,
Por ínvios caminhos,
Cobertos d'espinhos
Chegamos aqui!

O velho no entanto
Sofrendo já tanto
De fome e quebranto,
Só qu'ria morrer!
Não mais me contenho,
Nas matas me embrenho,
Das frechas que tenho
Me quero valer.

Então, forasteiro,
Caí prisioneiro
De um troço guerreiro
Com que me encontrei:
O cru dessossego
Do pai fraco e cego,
Enquanto não chego
Qual seja, - dizei!

Eu era o seu guia
Na noite sombria,
A só alegria
Que Deus lhe deixou:
Em mim se apoiava,
Em mim se firmava,
Em mim descansava,
Que filho lhe sou.

Ao velho coitado
De penas ralado,
Já cego e quebrado,
Que resta? - Morrer.
Enquanto descreve
O giro tão breve
Da vida que teve,
Deixai-me viver!

Não vil, não ignavo,
Mas forte, mas bravo,
Serei vosso escravo:
Aqui virei ter.
Guerreiros, não coro
Do pranto que choro:
Se a vida deploro,
Também sei morrer.

V

Soltai-o! - diz o chefe. Pasma a turba;
Os guerreiros murmuram: mal ouviram,
Nem pode nunca um chefe dar tal ordem!
Brada segunda vez com voz mais alta,
Afrouxam-se as prisões, a embira cede,
A custo, sim; mas cede: o estranho é salvo.
Timbira, diz o índio enternecido,
Solto apenas dos nós que o seguravam:
És um guerreiro ilustre, um grande chefe,
Tu que assim do meu mal te comoveste,
Nem sofres que, transposta a natureza,
Com olhos onde a luz já não cintila,

Chore a morte do filho o pai cansado,
Que somente por seu na voz conhece.
- És livre; parte.
            - E voltarei.
                        - Debalde.
- Sim, voltarei, morto meu pai.
            - Não voltes!
É bem feliz, se existe, em que não veja,
Que filho tem, qual chora: és livre; parte!
- Acaso tu supões que me acobardo,
Que receio morrer!
            - És livre; parte!
- Ora não partirei; quero provar-te
Que um filho dos Tupis vive com honra,
E com honra maior, se acaso o vencem,
Da morte o passo glorioso afronta.

- Mentiste, que um Tupi não chora nunca,
E tu choraste!... parte; não queremos
Com carne vil enfraquecer os fortes.

Sobresteve o Tupi: - arfando em ondas
O rebater do coração se ouvia
Precípite. - Do rosto afogueado
Gélidas bagas de suor corriam:
Talvez que o assaltava um pensamento...
Já não... que na enlutada fantasia,
Um pesar, um martírio ao mesmo tempo,
Do velho pai a moribunda imagem
Quase bradar-lhe ouvia: - Ingrato! Ingrato!
Curvado o colo, taciturno e frio.
Espectro d'homem, penetrou no bosque!

VI
- Filho meu, onde estás?
            - Ao vosso lado;
Aqui vos trago provisões; tomai-as,
As vossas forças restaurai perdidas,
E a caminho, e já!
            - Tardaste muito!

Não era nado o sol, quando partiste,
E frouxo o seu calor já sinto agora!
- Sim demorei-me a divagar sem rumo,
Perdi-me nestas matas intrincadas,
Reaviei-me e tornei; mas urge o tempo;
Convém partir, e já!
            - Que novos males
Nos resta de sofrer? - que novas dores,
Que outro fado pior Tupã nos guarda?
- As setas da aflição já se esgotaram,
Nem para novo golpe espaço intacto
Em nossos corpos resta.
            - Mas tu tremes!
- Talvez do afã da caça....
            - Oh filho caro!
Um quê misterioso aqui me fala,
Aqui no coração; piedosa fraude
Será por certo, que não mentes nunca!
Não conheces temor, e agora temes?
Vejo e sei: é Tupã que nos aflige,
E contra o seu querer não valem brios.
Partamos!... -
            E com mão trêmula, incerta
Procura o filho, tateando as trevas
Da sua noite lúgubre e medonha.
Sentindo o acre odor das frescas tintas,
Uma ideia fatal ocorreu-lhe à mente...
Do filho os membros gélidos apalpa,
E a dolorosa maciez das plumas
Conhece estremecendo: - foge, volta,
Encontra sob as mãos o duro crânio,
Despido então do natural ornato!...
Recua aflito e pávido, cobrindo
Às mãos ambas os olhos fulminados,
Como que teme ainda o triste velho
De ver, não mais cruel, porém mais clara,
Daquele exício grande a imagem viva
Ante os olhos do corpo afigurada.
Não era que a verdade conhecesse
Inteira e tão cruel qual tinha sido;

Mas que funesto azar correra o filho,
Ele o via; ele o tinha ali presente;
E era de repetir-se a cada instante.
A dor passada, a previsão futura
E o presente tão negro, ali os tinha;
Ali no coração se concentrava,
Era num ponto só, mas era a morte!
- Tu prisioneiro, tu?
- Vós o dissestes.
- Dos índios?
- Sim.
- De que nação?
- Timbiras.
- E a muçurana funeral rompeste,
Dos falsos manitôs quebraste a maça...
- Nada fiz... aqui estou.
- Nada! -
Emudecem;
Curto instante depois prossegue o velho:
- Tu és valente, bem o sei; confessa,
Fizeste-o, certo, ou já não foras vivo!
- Nada fiz; mas souberam da existência
De um pobre velho, que em mim só vivia....
- E depois?...
- Eis-me aqui.
- Fica essa taba?
- Na direção do sol, quando transmonta.
- Longe?
- Não muito.
- Tens razão: partamos.
- E quereis ir?...
- Na direção do acaso.

VII

"Por amor de um triste velho,
Que ao termo fatal já chega,
Vós, guerreiros, concedestes
A vida a um prisioneiro.
Ação tão nobre vos honra,
Nem tão alta cortesia

Vi eu jamais praticada
Entre os Tupis, - e mas foram
Senhores em gentileza.
"Eu porém nunca vencido,
Nem nos combates por armas,
Nem por nobreza nos atos;
Aqui venho, e o filho trago.
Vós o dizeis prisioneiro,
Seja assim como dizeis;
Mandai vir a lenha, o fogo,
A maça do sacrifício
E a muçurana ligeira:
Em tudo o rito se cumpra!
E quando eu for só na terra,
Certo acharei entre os vossos,
Que tão gentis se revelam,
Alguém que meus passos guie;
Alguém, que vendo o meu peito
Coberto de cicatrizes,
Tomando a vez de meu filho,
De haver-me por se ufane!"

Mas o chefe dos Timbiras,
Os sobrolhos encrespando,
Ao velho Tupi guerreiro
Responde com torvo acento:

- Nada farei do que dizes:
É teu filho imbele e fraco!
Aviltaria o triunfo
Da mais guerreira das tribos
Derramar seu ignóbil sangue:
Ele chorou de cobarde;
Nós outros, fortes Timbiras,
Só de heróis fazemos pasto.

Do velho Tupi guerreiro
A surda voz na garganta
Faz ouvir uns sons confusos,
Como os rugidos de um tigre,

Que pouco a pouco se assanha!

VIII
"Tu choraste em presença da morte?
Na presença de estranhos choraste?
Não descende o cobarde do forte;
Pois choraste, meu filho não és!
Possas tu, descendente maldito
De uma tribo de nobres guerreiros,
Implorando cruéis forasteiros,
Seres presa de vis Aimorés.

"Possas tu, isolado na terra,
Sem arrimo e sem pátria vagando,
Rejeitado da morte na guerra,
Rejeitado dos homens na paz,
Ser das gentes o espectro execrado;
Não encontres amor nas mulheres,
Teus amigos, se amigos tiveres,
Tenham alma inconstante e falaz!

"Não encontres doçura no dia,
Nem as cores da aurora te ameiguem,
E entre as larvas da noite sombria
Nunca possas descanso gozar:
Não encontres um tronco, uma pedra,
Posta ao sol, posta às chuvas e aos ventos,
Padecendo os maiores tormentos,
Onde possas a fronte pousar.

"Que a teus passos a relva se torre;
Murchem prados, a flor desfaleça,
E o regato que límpido corre,
Mais te acenda o vesano furor;
Suas águas depressa se tornem,
Ao contato dos lábios sedentos,
Lago impuro de vermes nojentos,
Donde fujas com asco e terror!

"Sempre o céu, como um teto incendido,

Creste e punja teus membros malditos
E oceano de pó denegrido
Seja a terra ao ignavo tupi!
Miserável, faminto, sedento,
Manitôs lhe não falem nos sonhos,
E do horror os espectros medonhos
Traga sempre o cobarde após si.

"Um amigo não tenhas piedoso
Que o teu corpo na terra embalsame,
Pondo em vaso d'argila cuidoso
Arco e frecha e tacape a teus pés!
Sê maldito, e sozinho na terra;
Pois que a tanta vileza chegaste,
Que em presença da morte choraste,
Tu, cobarde, meu filho não és."

IX
Isto dizendo, o miserando velho
A quem Tupã tamanha dor, tal fado
Já nos confins da vida reservada,
Vai com trêmulo pé, com as mãos já frias
Da sua noite escura as densas trevas
Palpando. - Alarma! alarma! - O velho para!
O grito que escutou é voz do filho,
Voz de guerra que ouviu já tantas vezes
Noutra quadra melhor. - Alarma! alarma!
- Esse momento só vale a pagar-lhe
Os tão compridos trances, as angústias,
Que o frio coração lhe atormentaram
De guerreiro e de pai: - vale, e de sobra.
Ele que em tanta dor se contivera,
Tomado pelo súbito contraste,
Desfaz-se agora em pranto copioso,
Que o exaurido coração remoça.
A taba se alborota, os golpes descem,
Gritos, imprecações profundas soam,
Emaranhada a multidão braveja,
Revolve-se, enovela-se confusa,
E mais revolta em mor furor se acende.

E os sons dos golpes que incessantes fervem,
Vozes, gemidos, estertor de morte
Vão longe pelas ermas serranias
Da humana tempestade propagando
Quantas vagas de povo enfurecido
Contra um rochedo vivo se quebravam.

Era ele, o Tupi; nem fora justo
Que a fama dos Tupis - o nome, a glória,
Aturado labor de tantos anos,
Derradeiro brasão da raça extinta,
De um jacto e por um só se aniquilasse.
- Basta! Clama o chefe dos Timbiras,
- Basta, guerreiro ilustre! Assaz lutaste,
E para o sacrifício é mister forças. -

O guerreiro parou, caiu nos braços
Do velho pai, que o cinge contra o peito,
Com lágrimas de júbilo bradando:
"Este, sim, que é meu filho muito amado!
"E pois que o acho enfim, qual sempre o tive,
"Corram livres as lágrimas que choro,
"Estas lágrimas, sim, que não desonram."

X
Um velho Timbira, coberto de glória,
          Guardou a memória
Do moço guerreiro, do velho Tupi!
E à noite, nas tabas, se alguém duvidava
          Do que ele contava,
Dizia prudente: - "Meninos, eu vi!

"Eu vi o brioso no largo terreiro
          Cantar prisioneiro
Seu canto de morte, que nunca esqueci:
Valente, como era, chorou sem ter pejo;
          Parece que o vejo,
Que o tenho nest'hora diante de mi.
"Eu disse comigo: Que infâmia d'escravo!
          Pois não, era um bravo;

Valente e brioso, como ele, não vi!
E à fé que vos digo: parece-me encanto
Que quem chorou tanto,
Tivesse a coragem que tinha o Tupi!"
Assim o Timbira, coberto de glória,
Guardava a memória
Do moço guerreiro, do velho Tupi.
E à noite nas tabas, se alguém duvidava
Do que ele contava,
Tornava prudente: "Meninos, eu vi!".

MARABÁ

Eu vivo sozinha, ninguém me procura!
Acaso feitura
Não sou de Tupá!
Se algum dentre os homens de mim não se esconde:
— "Tu és", me responde,
"Tu és Marabá!"

— Meus olhos são garços, são cor das safiras,
— Têm luz das estrelas, têm meigo brilhar;
— Imitam as nuvens de um céu anilado,
— As cores imitam das vagas do mar!

Se algum dos guerreiros não foge a meus passos:
"Teus olhos são garços",
Responde anojado, "mas és Marabá:
"Quero antes uns olhos bem pretos, luzentes,
"Uns olhos fulgentes,
Bem pretos, retintos, não cor d'anajá!"

— É alvo meu rosto da alvura dos lírios,
— Da cor das areias batidas do mar;
— As aves mais brancas, as conchas mais puras
— Não têm mais alvura, não têm mais brilhar.

Se ainda me escuta meus agros delírios:
— "És alva de lírios",

Sorrindo responde, "mas és Marabá:
"Quero antes um rosto de jambo corado,
          Um rosto crestado
"Do sol do deserto, não flor de cajá."

— Meu colo de leve se encurva engraçado,
— Como hástea pendente do cactos em flor;
— Mimosa, indolente, resvalo no prado,
— Como um soluçado suspiro de amor! —

"Eu amo a estatura flexível, ligeira,
          Qual duma palmeira",
Então me respondem; "tu és Marabá:
"Quero antes o colo da ema orgulhosa,
          Que pisa vaidosa,
"Que as flóreas campinas governa, onde está."

— Meus loiros cabelos em ondas se anelam,
— O oiro mais puro não tem seu fulgor;
— As brisas nos bosques de os ver se enamoram
— De os ver tão formosos como um beija-flor!

Mas eles respondem: "Teus longos cabelos,
          "São loiros, são belos,
"Mas são anelados; tu és Marabá:
"Quero antes cabelos, bem lisos, corridos,
          Cabelos compridos,
"Não cor d'oiro fino, nem cor d'anajá,"

E as doces palavras que eu tinha cá dentro
          A quem nas direi?
O ramo d'acácia na fronte de um homem
          Jamais cingirei:

Jamais um guerreiro da minha arazoia
          Me desprenderá:
Eu vivo sozinha, chorando mesquinha,
Que sou Marabá!

CANÇÃO DO TAMOIO
(Natalícia)

I
Não chores, meu filho;
Não chores, que a vida
É luta renhida:
Viver é lutar.
A vida é combate,
Que os fracos abate,
Que os fortes, os bravos
Só pode exaltar.

II
Um dia vivemos!
O homem que é forte
Não teme da morte;
Só teme fugir;
No arco que entesa
Tem certa uma presa,
Quer seja tapuia,
Condor ou tapir.

III
O forte, o cobarde
Seus feitos inveja
De o ver na peleja
Garboso e feroz;
E os tímidos velhos
Nos graves concelhos,
Curvadas as frontes,
Escutam-lhe a voz!

IV
Domina, se vive;
Se morre, descansa
Dos seus na lembrança,
Na voz do porvir.
Não cures da vida!
Sê bravo, sê forte!

Não fujas da morte,
Que a morte há de vir!

V
E pois que és meu filho,
Meus brios reveste;
Tamoio nasceste,
Valente serás.
Sê duro guerreiro,
Robusto, fragueiro,
Brasão dos tamoios
Na guerra e na paz.

VI
Teu grito de guerra
Retumbe aos ouvidos
D'imigos transidos
Por vil comoção;
E tremam d'ouvi-lo
Pior que o sibilo
Das setas ligeiras,
Pior que o trovão.

VII
E a mão nessas tabas,
Querendo calados
Os filhos criados
Na lei do terror;
Teu nome lhes diga,
Que a gente inimiga
Talvez não escute
Sem pranto, sem dor!

VIII
Porém se a fortuna,
Traindo teus passos,
Te arroja nos laços
Do inimigo falaz!
Na última hora
Teus feitos memora,

Tranquilo nos gestos,
Impávido, audaz.

IX
E cai como o tronco
Do raio tocado,
Partido, rojado
Por larga extensão;
Assim morre o forte!
No passo da morte
Triunfa, conquista
Mais alto brasão.

X
As armas ensaia,
Penetra na vida:
Pesada ou querida,
Viver é lutar.
Se o duro combate
Os fracos abate,
Aos fortes, aos bravos,
Só pode exaltar.

A MANGUEIRA

Já viste coisa mais bela
Do que uma bela mangueira,
E a doce fruta amarela,
Sorrindo entre as folhas dela,
E a leve copa altaneira?
Já viste coisa mais bela
Do que uma bela mangueira?

Nos seus alegres verdores
Se embalança o passarinho;
Todo é graça, todo amores,
Decantando seus ardores
À beira do casto ninho:
Nos seus alegres verdores
Se embalança o passarinho!

O cansado viandante
A sombra dela acha abrigo;
Traz-lhe a aragem sussurrante,
Que lhe passa no semblante,
Talvez o adeus d'um amigo;
E o cansado viandante
À sombra dela acha abrigo -

A sombra que ela derrama
Todas as dores acalma;
Seja dor que o peito inflama,
Ou voraz, nociva chama
Que nos mora dentro d'alma,
A sombra que ela derrama
Todas as dores acalma.

O mancebo namorado
Para ela se encaminha;
Bate-lhe o peito açodado
Quando chega o prazo dado,
Quando ao tronco se avizinha,
E o mancebo namorado
Para o tronco se encaminha.

Sob a copa deleitosa
Mil suspiros se entrelaçam,
E d'uma hora aventurosa
Guarda a prova a casca anosa
Nas cifras que ali se abraçam:
Sob a copa venturosa
Mil suspiros se entrelaçam.

Grata estação dos amores,
Abrigo dos que o não tem,
Deixa-me ouvir teus cantores,
Admirar teus verdores;
Presta-me abrigo também,
Grata estação dos amores,
Abrigo dos que o não tem.

A MÃE D'ÁGUA

"Minha mãe, olha aqui dentro,
Olha a bela criatura,
Que dentro d'água se vê!
São d'ouro os longos cabelos,
Gentil a doce figura,
Airosa, leve a estatura;
Olha, vê no fundo d'água
Que bela moça não é!

Minha mãe, no fundo d'água
Vê essa mulher tão bela?
O sorrir dos lábios dela,
Inda mais doce que o teu,
É como a nuvem rosada
Que no romper da alvorada
Passa risonha no céu.

Olha, mãe, olha depressa!
Inclina a leve cabeça
E nas mãozinhas resume
A fina trança mimosa,
E com pente de marfim!...
Olha agora que me avista
A bela moça formosa,
Como se fez toda rosa,
Toda candura e jasmim!
Dize, mãe, dize: tu julgas
Que ela se ri para mim!

São seus lábios entreabertos
Semelhantes a romã;
Tem ares d'uma princesa,
E, no entanto ó tão medrosa!...
Inda mais que minha irmã.
Olha mãe, sabes quem é
A bela moça formosa,
Que dentro d'água se vê!"
— Tem-te, meu filho; não olhes

Na funda, lisa corrente:
A imagem que te embeleza
É mais do que uma princesa,
É menos do que é a gente.

— Oh! Quantas mães desgraçadas
Choram seus filhos perdidos!
Meu filho, sabes por quê?
Foi porque deram ouvidos
À leve sombra enganosa,
Que dentro d'água se vê!

— O seu sorriso é mentira,
Não é mais que sombra vã;
Não vale aquilo que eu valho,
Nem o que vale tua irmã:
É como a nuvem sem corpo
De quando rompe a manhã.

— É a mãe d'água traidora,
Que ilude os fáceis meninos,
Quando eles são pequeninos
E obedientes não são;
Olha, filho, não a escutes,
Filho do meu coração:
O seu sorriso é mentira,
É terrível tentação. —

Junto ao rio cristalino
Brincava o ledo menino,
Molhando o pé;
O fresco humor o convida,
Menos que a imagem querida,
Que n'água vê.

Cauteloso de repente,
Ouve o conselho prudente,
Que a mãe lhe dá;
Não é anjo, não é fada,
Mas uma bruxa malvada,

E coisa má.

Ela é quem rouba os meninos
Para os tragar pequeninos,
Ou mais talvez!
E para vingar-se n'água
Da causa tanta magoa,
Remexe os pés.

Turba a fonte num instante,
Já não vê o belo infante
A sombra vã,
E as brancas mãos delicadas
E as longas tranças douradas
Da sua irmã.

O menino arrependido
Diz consigo entristecido:
— Que mal fiz eu!
Minha mãe bem que indulgente,
Só por não me ver contente,
Me repreendeu. —

Era figura tão bela!
E que expressão tão singela,
Que riso o seu!
Oh! Minha mãe certamente
Só por não me não ver contente,
Me repreendeu!

Espreita, sim, mas duvida
Que a bela imagem querida
Torne a volver;
E na fonte cristalina
Para ver todo se inclina
Se a pode ver!

Acha-se ainda turbada,
E a bela moça agastada
Não quer voltar;

Sacode leve a cabeça,
Em quanto o pranto começa
A borbulhar.

E de triste e arrependido
Diz consigo entristecido:
— Que mal fiz eu!...
Leda ao ver-me parecia,
Era boa, e me sorria...
Que riso o seu!

As águas no entanto de novo se aplacam,
A lisa corrente se espelha outra vez,
E a imagem querida no fundo aparece
Com mil peixes vários brincando a seus pés.

Do colo uma charpa trazia pendente,
Cortando-lhe o seio de brancos jasmins,
Um íris nas cores, e as franjas bordadas
De prata luzente, de vivos rubis.

Uma harpa a seu lado frisava a corrente
Gemendo queixosa da leve pressão,
Como harpas etéreas, que as brisas conversam,
Achando-as perdidas em mesta solidão.

Sentida, chorosa parece que estava,
E o belo menino sentado a chorar
Perdoa, dizia-lhe, o mal que te hei feito;
Por minha vontade não hei tornar!

À harpa dourada de súbito vibra,
A charpa se agita do seio ao revés;
Das franjas garbosas as pedras refletem
Infindos luzeiros nos úmidos pés.

Os peixes pasmados de súbito param
No fundo luzente de puro cristal;
Fantásticos seres assomam às grutas
Do nítido âmbar, do vivo coral!

Entanto o menino se curva e se inclina
Por ver mais de perto a donosa visão;
A mãe, longe dele, dizia: — Meu filho,
Não oiças, não vejas, que é má tentação. —

Vem meu amigo, dizia
A bela fada engraçada,
Pulsando a harpa dourada:
— Sou boa, não faço mal,
Vem ver meu belos palácios,
Meus domínios dilatados,
Meus tesouros encantados
No meu reino de cristal.

Vem, te chamo: vê a linfa
Como é bela e cristalina;
Vê esta areia tão fina,
Que mais que a neve seduz!
Vem, verás como aqui dentro
Brincam mil leves amores,
Como em listas multicores
Do sol se desfaz a luz."

Se não achas borboletas,
Nem as vagas mariposas,
Que brincam por entre as rosas
Do teu ameno jardim;
Tens mil peixinhos brilhantes,
Mais luzentes e mais belos
Que o oiro dos meus cabelos,
Que a nitidez do cetim.

Entretanto o menino se curva e se inclina
Por ver demais perto a donosa visão;
E a mãe longe dele, dizia: meu filho,
Não oiças, não vejas, que é má tentação.

Vem, meu amigo, tornava
A bela fada engraçada,

Vem ver a minha morada,
O meu reino de cristal:
Não se sente a tempestade
Na minha espaçosa gruta,
Nem voz do trovão se escuta,
Nem roncos do vendaval.

Aqui, ao findar do dia,
Tudo rápido se acende,
E o meu palácio resplende
De vivo, etéreo clarão.
Mil figuras aparecem,
Mil donzelas encantadas
Com angélicas toadas
De ameigar o coração.

Quando passo, as brandas águas
Por me ver passar se afastam,
E mil estrelas se engastam
Nas paredes do cristal.
Surgem luzes multicores,
Como desses pirilampos,
Que tu vês andar nos campos,
Sem contudo fazer mal.

Quando passo, mil sereias,
Deixando as grutas limosas,
Formam ledas, pressurosas
O meu séquito real:
Vem! Dar-te-ei meus palácios,
Meus domínios dilatados,
Meus tesouros encantados
E o meu reino de cristal.

No entanto o menino se curva e se inclina
Para a visão
E a mãe lhe dizia: Não vejas, meu filho,
Que é tentação,

E o belo menino dizendo consigo –

Que bem fiz eu!
Por ver o tesouro gentil, engraçado,
Que já é seu.

Atira-se às águas: num grito medonho
A mãe lastimável – Meu filho! – bradou:
Respondem-lhe os ecos, porém voz humana
Aos gritos da triste não torna: — aqui estou!

POESIAS DIVERSAS

NÊNIA

À MORTE SENTIDÍSSIMA DO SERENÍSSIMO PRÍNCIPE IMPERIAL O SENHOR D. PEDRO.

A SUA MAJESTADE O IMPERADOR

I

Morreste, como a folha verde e linda,
Que não viu murcho o esmeraldino encanto;
Bem como um ai que melindroso finda,
Enquanto às faces não roreja o pranto!

Bem como a flor inda com botão ceifada,
Em quanto aromas recendia pura;
Bem como a onda, quando mal formada,
Nos brancos frisos do areal murmura!

Bem como a aurora tímida que morre,
Em quanto os céus de rosicler matiza;
Bem como o sopro de ligeira brisa,
Que entre os olores da manhã discorre!

Mimosa esperança do Brasil, batendo
Às férreas portas da existência, viste
O mundo aflito e a humanidade triste
Seu negro fado e sua dor sofrendo!

Cheio de compaixão atrás voltaste
Do horrífico espetáculo, tapando
Com as asas do anjo o rosto brando,
E no seio do Eterno te asilaste.

Morreste! Como aurora sem poente,
Como flor, que perfume inda exalava,
Como o sopro da brisa recendente,
Como a onda, que apenas se formava!

Morreste! Como a folha verde e bela

Num tronco forte a despontar louçã,
Não arrancada à sanha da procela,
Mas leve solta aos beijos da manhã.

Morreste! Como lâmpada brilhante,
Inda virgem, sem dar mística luz;
Ou turíbulo de incenso crepitante,
Esquecido nos braços de uma cruz.

Morreste! E os anjos da eternal morada
Levaram entre palmas e capelas
Tua alma, como uma harpa não tocada,
Aquele, cujo trono é sobre estrelas,

Morreste! Como aurora sem poente,
Como flor que perfume inda exalava,
Como o sopro da brisa recendente,
Como a onda que apenas se formava.

Nenhum bulcão toldou a aurora maga,
Em quanto no horizonte apavonou-se,
A brisa em vendaval não transtornou-se;
A folha em cinza, nem a onda em vaga.

II
Não ouviste, oh belo anjinho,
Na hora do passamento
Para abrandar teu tormento
Do berço teu ao redor,
Dos teus irmãos a falange
Com opas de luz brilhante,
Nas harpas de diamante
Cantar Hosana ao Senhor?

Teu espírito inocente,
Tocado da luz divina,
Que a fraca mente ilumina
Dos resplendores de Deus,
Não anteviu outros gozos,
Não correu nos frouxos ares,

Não foi roçar nos palmares,
Nas rosas puras dos céus?

Viste-os, sim; porém voltando
Outra vez à vida escassa,
Tua alma triste esvoaça
Sobre os teus restos mortais;
E entre os rostos que divisas,
Que a tua vida pranteiam,
Entre quantos te rodeiam,
Tu não enxergas teus pais!

Corres então a trazer-lhes
Nas meigas asas brilhantes
Dos teus últimos instantes
O teu alento final;
E em redor deles choraste
De não ter deixado a vida,
Por extrema despedida,
Num amplexo paternal!

Vai, ó anjo, sobe, voa,
Deixa a terra ingrata e rude,
Vai onde mora a virtude,
E prêmio a inocência tem;
Mas nos divinos prazeres,
Mas no celeste cortejo,
Terás o materno beijo,
Não serás órfão também?

III
Desprega tuas asas de cores suaves,
Adeja no espaço, procura o teu Deus:
O aroma das flores, o canto das aves,
O que há de mais puro se entranha nos céus.
Oh! Foge da terra! Bem como a neblina
Que em rolos de neve, que espuma figura,
Mais frouxa, mais leve, na luz matutina,
Qual nuvem d'incenso, do céu se pendura.

Mas quando a balança dos nossos destinos,
Na grávida concha dos nossos pecados
Sumir-se no abismo — dos raios divinos
Os golpes apara nos contos dourados.

Não caia do Eterno a justa inclemência
No povo, que soube teu berço guardar;
Ampara-o nas asas da lua inocência,
Que os prantos de um anjo nos podem salvar.
Desdobra tuas asas de cores suaves,
Adeja no espaço, procura o teu Deus:
O aroma das flores, e o canto das aves
E o que há de mais puro se perde nos céus.

IV

Senhor, se na aflição que te consome,
Na dor imensa, que teu peito acanha,
Pode erguer-se do bardo a voz sentida
E aos teus soluços misturar seu pranto;
Se a dor do pai não absorva inteiro
O peito augusto do Monarca excelso,
Enxuga as tristes lágrimas que vertes!

Melhor, talvez, que o trono é ver chorando
Um povo inteiro em torno de um sepulcro,
Um vácuo berço de seu pranto enchendo!
À sorte, pois te curva, e à lei d'aquele
(Envolta em seus recônditos desígnios)
A quem aprouve nivelar, cortando
Com o mesmo golpe as esperanças de ambos,
— A dor de um pai e as aflições de um povo! —

OLHOS VERDES

Eles verdes são:
E tem por usança,
A cor esperança,
E nas obras não.
CAM., RIM.

São uns olhos verdes, verdes,
Uns olhos de verde-mar,
Quando o tempo vai bonança;
Uns olhos cor de esperança,
Uns olhos por que morri;
Que ai de mim!
Nem já sei qual fiquei sendo
Depois que os vi!

Como duas esmeraldas,
Iguais na forma e na cor,
Tem luz mais branda e mais forte,
Diz uma — vida, outra — morte;
Uma — loucura, outra — amor.
Mas ai de mim!
Nem já sei qual fiquei sendo
Depois que os vi!

São verdes da cor do prado,
Exprimem qualquer paixão,
Tão facilmente se inflamam,
Tão meigamente derramam
Fogo e luz do coração;
Mas ai de mim!
Nem já sei qual fiquei sendo
Depois que os vi!

São uns olhos verdes, verdes,
Que podem também brilhar;
Não são de um verde embaçado,
Mas verdes da cor do prado,
Mas verdes da cor do mar.
Mas ai de mim

Nem já sei qual fiquei sendo
Depois que os vi!

Como se lê num espelho
Pude ler nos olhos seus!
Os olhos mostram a alma,
Que as ondas postas em calma
Também refletem os céus;
Mas ai de mim!
Nem já sei qual fiquei sendo
Depois que os vi!

Dizei vós, oh meus amigos,
Se vos perguntam por mim,
Que eu vivo só da lembrança
De uns olhos cor de esperança,
De uns olhos verdes que vi!
Que ai de mim!
Nem já sei qual fiquei sendo
Depois que os vi!

Dizei vós; Triste do bardo!
Deixou-se de amor finar!
Viu uns olhos verdes, verdes,
Uns olhos da cor do mar:
Eram verdes sem esperança,
Davam amor sem amar!
Dizei-o vós, meus amigos,
Que ai de mim!
Não pertenço mais a vida
Depois que os vi!

CUMPRIMENTO DE UM VOTO

Feito às Sras. de Itapacorá, que abrilhantaram a festa do ilmo. Sr. António José Rodrigues Torres.
PORTO DAS CAIXAS — 25 de agosto de 1850

Se ao mísero cantor vos praz mandar-lhe
Cantar voltas de amor, à graça tanta
Será mudo o cantor, nem há de aos ecos
A cítara incivil falar de amores?
Mandais, que sois, senhoras, minhas musas;
Quando a senhora manda o escravo cumpre
E às súplicas da musa o vate cede!
Afinada por vós a lira humilde,
Já desafeita aos sons que o peito abrandam,
À nova esfera se remonta agora.

O frescor juvenil dos vossos anos,
E as que vos ornam, deleitosas graças,
Hão de ameigar-lhe as cordas, perfumá-las,
Ditar-lhe os fáceis, inspirados carmes.

A estrela, que fulge no céu anilado,
Com plácido brilho de noite se inflama;
        Na fonte e no prado
Reflexos luzentes esparge e derrama.

Nos ramos cobertos de ameno rocio
As aves descantam à luz da alvorada,
        E a meiga toada
Repetem aos ecos do bosque sombrio.

Na gleba virente, do sol bafejada,
Recende perfumes a flor matutina,
        Que à luz da alvorada
Ao sopro da brisa de leve se inclina.

A flor que trescala perfumes suaves,
A estrela que brilha no céu anilado.

E o canto das aves,
Que soa no bosque virente e copado;

Se cantam, perfumam, despedem fulgores,
É tal o seu fado: — vós sois como elas,
Sois como as estrelas,
Na graça e no canto, sois aves, sois flores.

Como elas, pagai-vos de ver quão fugaces
Encurtam-se as horas do nosso viver,
De ver como as faces,
Que tendes em torno, ressumbram prazer.

Estes versos na mente sussurravam
Do vate, cuja lira merencória
Foi por vós de festões engrinaldada;
Por vós, cujo sorriso mavioso
Melhor perfume exala, do que as notas
Concertadas com arte; daí um riso
Dos vossos, um volver dos brandos olhos,
Aos alegres convivas; e um reflexo
Do vosso meigo olhar e brando riso
Venha morrer na lira do poeta,
Como do astro-rei quando no ocaso
Doura no campo as folhas mais humildes.

LIRA QUEBRADA

Ah! ya agostada
Siento mi juventud, mi faz marchita,
Y la profunda pena que mi agita
Ruga mi frente de dolor nublada.
Heredia

Pede cantos aos ledos passarinhos,
Pede clarão ao sol, perfume as flores,
Às brisas suspirar, murmúrio aos ventos,
Doces querelas ao correr das fontes;

E o sol, a ave, a flor, a brisa, os ventos
E as fontes que murmuram docemente,
Na festa da tua alma hão-de seguir-te,
Como um som pelos ecos repetido.

Mas não peças à lira abandonada
Um alegre cantar, — Já murchas pendem
As grinaldas gentis, de que a tocaram
Donzeis loução, enamoradas virgens.

Hoje mal partem roucos sons dos nervos,
Que amargo pranto destendeu sem custo;
Quem há que se não dói de ouvir cantados
Uns versos de prazer entre soluços?

Não peças pois um hino ao triste bardo!
Verde ramo d'uma arvore gigante
O raio no passar queimou-lhe o viço,
Deixando-o por escárnio entre verdores.

Uma febre, um ardor nunca apagado,
Um querer sem motivo, um tédio à vida
Sem motivo também, — caprichos loucos,
Anelo d'outro mundo e d'outras coisas;

Desejar coisas vãs, viver de sonhos.
Correr após um bem logo esquecido,
Sentir amor e só topar frieza,
Cismar venturas e encontrar só dores;

Fizeram-me o que vês: não canto, sofro!
Lira quebrada, coração sem forças
De poético manto os vou cobrindo,
Por disfarçar desta arte o mal que passo.

Mas se inda tens prazer à luz da aurora,
Se te ameiga fitar longos instantes,
Sentada à beira mar, na paz de um ermo,
Uma flor, uma estrela, os céus e as nuvens:

Pede cantos aos ledos passarinhos,
À brisa, ao vento, à fonte que murmura;
Mas não peças canções ao triste bardo,
A quem até para um ai já falta o alento.

A PASTORA

Foram as trevas fugindo,
        E luzindo
Nasce o sol sobre o horizonte;
Quando a pastora formosa
        E mimosa
Já caminho vai do monte!
A relva tenra e molhada,
        Orvalhada,
Que de noite despontou,
Se levanta melindrosa,
        Mais viçosa
Depois que o sol a afagou!

Nos ramos cantam, trinando
        E saltando,
As aves seu casto amor;
Aqui, ali, cintilante
        E brilhante
Desabrocha a linda flor.

E a pastorinha engraçada,
        Bem fadada,
Na fresca manhã de abril,
Vai cantando maviosa,
        E saudosa
Pensando no seu redil.

Para as serras do Gerez
        Toca a rês
Toca a rês, gentil pastora;
Lá te aguarda o bom pastor,
        Teu amor,

Que te chama encantadora.

Vai, pastora, vai depressa,
Já começa
O sol no vale a brilhar;
Vai, que as tuas companheiras,
Galhofeiras,
Lá estão com ele a folgar!

Pela aldeia entre os pastores
Vão rumores
De que tens uma rival,
Nessa Alteia, a tua antiga,
Doce amiga,
Que te quer hoje tão mal!

Tu não sabes que os amores
São traidores,
Que o homem não sabe amar;
E que diz: Esta é mais bela;
Mas aquela
É que me sabe agradar!

Tenho d'Alteia receios,
Que tem meios
De prender um coração.
É viva, bela, engraçada,
Festejada
Nos cantares do serão.

Como a neve em seus lavores,
Nos amores
Que caprichosa não é!
Zomba dele quando o topa,
E o provoca
De mil maneiras, à fé!

Té dizem — será mentira —
Que lhe atira
Seus motetes muita vez;

Dizem mais, que há prendas dadas
E trocadas
Não sei; mas será talvez!

Triste de ti, se assim fora,
Oh pastora,
Triste de ti sem amor!
Foras alvo dos festejos,
Dos motejos,
E do canto mofador!

Cheia de pudico medo,
Ao folguedo
Do domingo festival,
Não irias, oh formosa,
Vergonhosa
Dos olhos d'uma rival!

Para as serras do Gerez
Toca a rês,
Toca a rês, gentil pastora;
Lá te aguarda o bom pastor,
Teu amor,
Que te chama encantadora!

Gerez...

A INFÂNCIA

I
Belo raio do sol da existência,
Meninice fagueira e gentil,
Doce riso de pura inocência
Sempre adorne teu rosto infantil.

Sempre tenhas, anjinho inocente,
Quem se apresse em teus passos guiar,
E uma voz que o teu sono acalente,
E um sorriso no teu acordar.

Enlevada nos sonhos jucundos
Voz etérea te venha falar,
E visão d'outros céus, d'outros mundos,
Venha amiga tua alma encantar.

Leda infância gentil! e quem não te ama?
Quem tão de pedra o coração não sente
Aos teus encantos meigos mais tranquilo?
Quem não sente memórias d'outras eras
Travarem-lhe da mente ao recordar-se
Aquele gozo puro e suavíssimo
De vida, que jamais não tem logrado?
Recordações de um mundo adormecido
Lá lhe estão dentro d'alma esvoaçando,
Como arpejos de música longínqua!
E a mente nos seus quadros embebida,
Por mágica ilusão enfeitiçada,
Como outrora, talvez somente veja
Na terra — um chão de flores estrelado,
E nos céus — outro chão de flores vivas!

II
Afagada e bem-vinda e querida
Travessuras cismando infantis,
Nos caminhos floridos da vida
Vai mimosa, imprudente e feliz!

É sua vida um contínuo festejo,
Sonhos d'oiro só sabe sonhar,
Toda ela um afã, um desejo
D'outros jogos contente brincar.

Puro riso o semblante lhe adorna,
Logo pranto começa a verter,
E depois outro riso lhe torna,
E depois outro pranto a correr.

Tão perto jaz a fonte da amargura,
Da fonte do prazer! — porém tão doces

Essas lágrimas são! — tão abundantes,
Tão sem causa e simpáticas gotejam
Numa tez de carmim, num rosto belo!
Quem as vê, que sorrindo as não enxuga?
Mas não todo consumas o tesouro
Único e triste, que ao infeliz sobeja
Nas horas do sofrer; no tempo amargo,
No qual o rosto pálido se enruga,
E os olhos secos, áridos chamejam,
Será talvez bem grato refrigério
Uma lágrima só, em que arrancada
A força da aflição dos seios d'alma.
Mas tu, feliz, sorri, enquanto a vida,
Como um rio entre flores, se desliza
Macio, puro, recendendo aromas.

III
Belo raio do sol da existência,
Flor da vida, mimosa e gentil,
Fonte pura de meiga inocência,
Leve gozo da quadra infantil!

Quem fruir-te outra vez não deseja,
Quando vê sobre a veiga formosa
A menina travessa e ruidosa,
Borboleta que alegre doudeja?

A menina é uma flor de poesia,
Um composto de rosa e jasmim,
Um sorriso que Deus alumia,
Um amor de gentil serafim!

Folga e ri no começo da existência,
Borboleta gentil! a flor dos vales,
Da noite à viração abrindo o cálix,
O puro orvalho da manhã te guarda;
Inda perfumes dá, que te embriagam,
Inda o sol quando aquece os vivos raios,
Nas asas multicores cintilando,
Com terno amor de pai, em torno esparge

Pó sutil de rubis e de safiras.
Folga e ri no começo da existência,
Humano serafim, que esse perfume
São das asas do anjo, que se impregnam
Dos aromas do céu, quando atear-se,
Roaz fogo de vida começando,
Quanto havemos de Deus consome e apaga.

IV

Porém tu, afagada e querida,
Com requebros donosos, gentis,
Vai contente caminho da vida,
Belo anjinho, mimoso e feliz!

E do bardo a canção magoada,
Quando a possas um dia escutar,
Há de ser como rota grinalda,
Que perfumes deixou de exalar!

E esta mão talvez seja sem vida,
E este peito talvez sem calor,
E memória apagada e sumida,
Talvez seja a do triste cantor!

URGE O TEMPO

Move incessante as asas incansáveis
O tempo fugitivo;
Atrás não volta!
A. de Gusmão.

Urge o tempo, os anos vão correndo,
Mudança eterna os seres afadiga!
O tronco, o arbusto, a folha, a flor, o espinho,
Quem vive, o que vegeta, vai tomando
Aspectos novos, nova forma, enquanto
Gira no espaço e se equilibra a terra.

Tudo se muda, tudo se transforma,
O espírito, porém, como centelha,
Que vai lavrando solapada e oculta,
Até que enfim se torna incêndio e chamas,
Quando rompe os andrajos morredouros,
Mais claro brilha, e aos céus consigo arrasta
Quanto sentiu, quanto sofreu na terra.

Tudo se muda aqui! somente o afeto,
Que se gera e se nutre em almas grandes,
Não acaba, nem muda; vai crescendo,
Com o tempo avulta, mais aumenta em forças,
E a própria morte o purifica e alinda.
Semelha estátua erguida entre ruínas,
Firme na base, intacta, inda mais bela
Depois que o tempo a rodeou de estragos.

MENINA E MOÇA

Ma bienvenue au jour ma rit dans tous lesyeux!
Chenier

É leda a flor que desponta
Sobre o talo melindroso,
E o arrebento viçoso
Crescendo em flóreo tapiz;
É doce o romper da aurora,
Doce a luz da madrugada,
Doce o luzir da alvorada,
Doce, mimoso e feliz!

É bela a virgem risonha
Com seus músicos acentos,
Com seus virgens pensamentos,
Com seus mimos infantis;
Como quanto enceta a vida,
Que à luz sorri da existência,
Que tem na sua inocência
Da mocidade o verniz.

Vinga a flor a pouco e pouco,
Cada vez mais bem querida,
Tem mais encantos, mais vida,
Tem mais brilho, mais fulgor:
De cada gota de orvalho
Extrai celeste perfume,
E do sol no raio assume
Cada vez mais viva cor.

Assim à virgem mimosa,
Pouco e pouco, noite e dia,
Mais viva flor de poesia
Do rosto lhe tinge a cor;
E um anjo nos meigos sonhos,
Do seu peito na dormência
Derrama o odor da inocência,
Um doce raio de amor!

Porque tudo, quando nasce,
Seja a luz da madrugada,
Seja o romper da alvorada,
Seja a virgem, seja a flor;
Tem mais amor, tem mais vida,
Como celeste feitura,
Que sai melindrosa e pura
Dentre as mãos do criador.

COMO EU TE AMO

Como se ama o silêncio, a luz, o aroma,
O orvalho numa flor, nos céus a estrela,
No largo mar a sombra de uma vela,
Que lá na extrema do horizonte assoma;

Como se ama o clarão da branca lua,
Da noite na mudez os sons da flauta,

As canções saudosíssimas do nauta,
Quando em mole vai-vem a nau flutua;

Como se ama das aves o gemido,
Da noite as sombras e do dia as cores,
Um céu com luzes, um jardim com flores,
Um canto quase em lágrimas sumido;

Como se ama o crepúsculo da aurora,
A mansa viração que o bosque ondeia,
O sussurro da fonte que serpeia,
Uma imagem risonha e sedutora;

Como se ama o calor e a luz querida,
A harmonia, o frescor, os sons, os ecos,
O silêncio, as cores, o perfume, a vida,
Aos pais e à pátria e à virtude e a Deus.

Assim eu te amo, assim; mais do que podem
Dizer-te os lábios meus, — mais do que vale
Cantar a voz do trovador cansada:
O que é belo, o que é justo, santo e grande
Amo em ti. — Por tudo quanto sofro,
Por quanto já sofri, por quanto ainda
Me resta de sofrer, por tudo eu te amo.
O que espero, cobiço, almejo, ou temo
De ti, só de ti pende: oh! nunca saibas
Com quanto amor eu te amo, e de que fonte
Tão terna, quanto amarga o vou nutrindo!
Esta oculta paixão, que mal suspeitas,
Que não vês, não supões, nem te eu revelo,
Só pode no silêncio achar consolo,
Na dor aumento, intérprete nas lágrimas.

De mim não saberás como te adoro;
        Não te direi jamais,
Se te amo, e como, e a quanto extremo chega
        Esta paixão voraz!

Se andas, sou o eco dos teus passos;

Da tua voz, se falas;
O murmúrio saudoso que responde
Ao suspiro que exalas.

No odor dos teus perfumes te procuro,
Tuas pegadas sigo;
Velo teus dias, te acompanho sempre,
E não me vês contigo!

Oculto, ignorado me desvelo
Por ti, que me não vês;
Aliso o teu caminho, esparjo as flores,
Onde pisam teus pés.

Mesmo lendo estes versos, que m'inspiras,
Não pensa em mim, dirás:
Imagina-o, si o podes, que os meus lábios
Não te dirão jamais!

Sim, eu te amo; porém nunca
Saberás do meu amor;
A minha canção singela
Traiçoeira não revela
O prêmio santo que anela
O sofrer do trovador!

Sim, eu te amo; porém nunca
Dos lábios meus saberás,
Que é fundo como a desgraça,
Que o pranto não adelgaça,
Leve, qual sombra que passa,
Ou como um sonho fugaz!

Aos meus lábios, aos meus olhos
Do silêncio imponho a lei;
Mas lá onde a dor se esquece,
Onde a luz nunca falece,
Onde o prazer sempre cresce,
Lá saberás se te amei!

E então dirás: "Objeto
Fui de santo e puro amor,
A sua canção singela,
Tudo agora me revela;
Já sei o prêmio que anela
O sofrer do trovador.

Amou-me como se ama a luz querida,
Como se ama o silêncio, os sons, os céus,
Como se ama as cores, o perfume, a vida,
Os pais e a pátria, e a virtude e a Deus!

Amo-o agora também como as estrelas,
Como as harpas divinas, como aos céus,
Como aos anjos de palmas e capelas,
Que entoam coros místicos a Deus!"

AS DUAS COROAS

> Hermosa, eu tu linda frente
> El laurel sienta mejor,
> Que con su regio esplendor
> Corona de rey potente
> G. y S.

Há duas coroas na terra,
Uma d'ouro cintilante
Com esmalte de diamante,
Na fronte do que é senhor;
Outra modesta e singela,
Coroa de meiga poesia,
Que a fronte ao vate alumia
Com a luz d'um resplendor.

Ante a primeira se curvam
Os potentados da terra:
No bojo, que a morte encerra,
Sobre a líquida extensão,
Levam naus os seus ditames
Da peleja entre os horrores;

Vis escravos, crus senhores,
Preito e menagem lhe dão.

E quando o vate suspira
Sobre esta terra maldita,
Ninguém a voz lhe acredita,
Mas riem dos cantos seus:
Os anjos, não; porque sabem
Que essa voz é verdadeira,
Que é dos homens a primeira,
Enquanto a outra é de Deus!

Se eu fora rei, não te dera
Quinhão na régia amargura;
Nem te queria, virgem pura,
Sentada sob o dossel,
Onde a dor tão viva anseia,
Tão cruel, tão funda late,
Como no peito, que bate
Sob as dobras do burel.

Não te quisera no trono,
Onde a máscara do rosto,
Cobrindo o interno desgosto,
Ser alegre tem por lei;
Manda Deus, sim, que o rei chore
Mas que chore ocultamente,
Porque, se o soubera a gente,
Ninguém quisera ser rei!

Mas o vate, quando sofre,
Modula em meigos acentos,
Seus doridos pensamentos,
A sua interna aflição;
E das lágrimas choradas
Extrai um balsamo santo,
Que vale estancar o pranto
Nos olhos do seu irmão.

Se eu fora rei, não quisera

Roubar-te a senda florida,
Onde corre doce a vida
No matutino arrebol;
Gozas o sopro das brisas
E o leve aroma das flores,
E as nuvens, que mudam cores
No nascer, no pôr do sol.

Gozam disto as que repousam
Em tábuas de vis grabatos;
Não quem vive entre os ornatos
Dum trono d'ouro e marfim!
No solo triste, sentada,
Não viras um rosto amigo,
Nem mais viveras contigo,
Foras escrava — por fim!

Vive tu teu viver simples,
Mimosa e gentil donzela,
Dentre todas a mais bela,
Flor de candura e de amor!
Coroa melhor eu te ofereço,
De ouro não, mas de poesia,
Coroa que a fronte alumia
Com divino resplendor!

HARPEJOS

Sweetest music!...
Shakespeare

Da noite no remanso
Minha alma se extasia,
E praz-me a sós comigo
Pensar na solidão;
Deixar arrebatar-me
De vaga fantasia,
Deixar correr o pranto
Do fundo coração.

Tudo é silêncio harmônico
E doce amenidade,
E uma expansão suave
Do mais fino sentir;
Existo! e no passado
Só tenho uma saudade,
Desejos no presente,
Receios no porvir!

Como licor que emana
De cava, úmida rocha,
Que o sol nunca evapora,
Nem limpa amiga mão;
A dor que n'alma sinto
Minha alma desabrocha;
Que livre o pranto corre
Da noite na solidão!

Atendo! ao longe escuto
D'uma harpa os sons queixosos,
Atendo! e logo sinto
Minha alma se alegrar!
Atendo! são suspiros
De seres vaporosos,
Que mil imagens vagas
Me fazem recordar!

Tu que eras minha vida,
Que foste os meus amores,
Imagem grata e bela
D'um tempo mais feliz,
Que tens, que assim chorosa
Suspiras entre as flores?
Teu sou, — do juramento
Me lembro, que te fiz.

Te vejo, te procuro,
Teus mudos passos sigo,
Enquanto, leve sombra,
Fugindo vais de mim!

Unido às notas da harpa
Percebo um som amigo,
Que me recorda o timbre
Da voz que já te ouvi!

Na brisa que soluça,
Na fonte que murmura,
Nas folhas que se movem,
Da noite à viração,
Ainda escuto os ecos
D'uma fugaz ventura,
Que assim me deixou triste
Em mesta solidão.

Prossegue, harpa ditosa,
Nas doces harmonias,
Que da minha alma sabes
A mágoa adormecer;
Prossegue! e a doce imagem
Dos meus primeiros dias
Veja eu ante os meus olhos
De novo aparecer!

Ai, foram como a virgem
Que em sítio solitário
Acaso um dia vimos
Sozinha a divagar!
Memória benfazeja,
Que o gélido sudário,
Que a morte em nós estende,
Não vale desbotar.

TRISTE DO TROVADOR

E ela era esbelta e bem proporcionada:
sua alma era como a sensitiva, e suas palavras
eram doces e tinham um perfume, que
se não pode comparar.
(Duas noites de luar.)

E ela era como a rosa matutina
        Formosa e bela,
E como a estrela que à noite ao mar se inclina,
        Saudosa era ela.

Seus olhos negros, vivos e rasgados,
        Era delícias vê-los;
E com a alvura do rosto contrastava
        A cor dos seus cabelos.

Quando alguém lhe falava, então falava
        Com voz macia,
Que triste dentro d'alma nos filtrava
        Doce alegria.

E o seu timbre de voz movia as fibras
        Do coração,
Como sons que a mudez da noite quebram
        Na solidão.

Seu mais leve sentir patenteava
        No rosto ameno;
Nuvenzinha da tarde, que se enxerga
        Em céu sereno.

Topou-a acaso pensativa, errante,
        O trovador:
Feliz, disse ele, quem gozara os mimos
        Do seu amor!

E ela deu-lhe do seio uma saudade
        Murcha, porém bela,

E ele um culto votou, cismando extremos,
À pálida donzela.

Como fosse, porém, breve a sua vida
Como uma flor,
Em breves dias era mudo e triste
O trovador.

Se alguma vez cantava, — só dizia
Ao seu anjo do céu, que lá morava,
Que de ter junto dele só pedia
A vida sua, que tão erma estava.

VELHICE E MOCIDADE

Eu levo à sepultura, uns após outros,
A donzela gentil, o velho enfermo
E o mancebo que folga descansado
À sombra da ventura.
...

"Minha filha, mais depressa,
Mais depressa um pouco andemos,
E da aurora que desponta
Saudável frescor gozemos!

Senta-me em baixo do chorão, que dobra
A verde rama sobre a campa nua
De um ser de peito bom, de rosto belo,
Que foi minha mulher, que foi mãe tua!

O sol, nascendo apenas, vem primeiro
Seus raios nessa campa dardejar,
E a cansada velhice é bem fagueiro
Esses restos da vida desfrutar."

Um cego e triste velho que tremia
À força dos invernos que passaram,

À filha nova e bela, assim dizia,
À filha que os amores cobiçaram.

E tinha o velho pai nos ombros dela
A mão crestada e morta e já rugosa,
E ela ao pai, solícita, extremosa,
Guiava como um anjo e alva e bela.

"Nem sempre o que ora vês teu pai tem sido,
Oh filha da minha alma, oh meu tesouro,
Também um tempo foi que, entretecido,
Tive o fio vital de seda e d'oiro!

Também meus olhos se espraiaram longe,
Pela vasta extensão destas campinas;
Também segui a tortuosa veia
Desta linda corrente que se perde
Além, por entre penhas;
E a esmeraldina cor, de que se arreia
A relva destes prados, destas brenhas,
Meus olhos juvenis encheu de gozo,
Que agora os olhos teus também recreia!

E que prazer tão grande! O sol nascia
Num mar de luz brilhante!
Levantava-se mais, brilhava, ardia,
No prado verdcjantc,
Na fonte e na devesa;
E o mundo e a natureza
De puro amor enchia!
Destoucavam-se os montes de neblina,
Que meiga e adelgaçada
Pendia como um véu de gaza fina
Da celeste morada,
Quando num mar formoso o sol nascia!

O mundo era então luz — hoje é só trevas!
O céu de puro azul via tingido,
Via a terra de cores adornada,
E na imensa extensão d'agua salgada

Via a esteira de luz do sol luzido!

Breve as horas passei de ser ditoso
Aqui neste lugar, ledo escutando
Tão amável tua mãe, tão carinhosa,
Que instantes curtos me teceu falando!

Hoje existo somente porque existes,
Desfruto outro viver que não vivia,
Quando escutam tua voz os meus ouvidos,
Como sons de celeste melodia.

Oh fala, fala sempre. — É doce ao velho
Sons d'argentina voz, que as fibras todas
Do frio coração remoça e abala,
        Como d'uma harpa antiga
        As deslembradas cordas,
        Que a mão experta e amiga
Do trovador, num canto alegre estala.

É doce ao solitário a voz de um anjo
        Na sua solidão;
E ao velho pai a voz da casta filha,
        Que fala ao coração.

É doce, qual perfume matutino,
        Que a flor exala,
Que pelo peito da mulher amante
        Se interna e cala;

É doce, como a luz que se derrama
        Pela face do mar,
Quando brando luar, da noite amigo,
        Vem nela se espelhar.

Fala, bem sei que amarga é tua vida,
        Que amargo é teu penar;
No silêncio da noite tenho ouvido
        Teu peito a soluçar!

Fala, tu bem vês que se a tormenta
Tétrica voa,
Ao ninho de seus pais o passarinho
Rápido voa."

— Oh meu pai, como eu quisera
Meus pesares te esconder,
Mas tua filha, coitada,
Em breve tem de morrer!

— Sinto que o alento me falta,
Que longe foge de mim;
Sinto minha alma rasgar-se
Por te deixar só assim;
Meu bom pai, como está breve
Da tua filha o triste fim!

— Alta noite, ouvi, em sonhos,
A chamar-me um serafim;
Tinha alegria no rosto,
Mas chorava sobre mim;
Meu bom pai, como está breve
Da tua filha o triste fim!

— E tu cá ficas sozinho,
E tu cá ficas sem mim!
Oh que n'alma só me pesa
Por te deixar só assim;
Meu bom pai, que é já chegado
Da tua filha o triste fim! —

E o velho, baixo falando,
Tristemente assim dizia;
"Já fui feliz, já fui novo,
Já fui cheio de alegria!

Eu tive pais extremosos,
Irmãos que me idolatraram,
Eu tive castos amores,
Que antes de mim se acabaram!

Eu tive tantos no mundo
Quantos se pode chorar;
Perdi todos, tudo; ai, triste,
Só eu não pude acabar!

Ao sopro da desventura
Só eu me não abalei,
Que a todos — novos e velhos —
À campa todos levei!

Minha filha me restava!
Eu já fantasma impotente,
Sobre os torrões tropeçava
Da cova aberta recente!

Anjo de amor e bondade
Porque me deixaste assim!
Tu morta, e na sepultura
Que eu tinha aberto pra mim!

Deus, Senhor, quanto foi longo
O vaso em que fel traguei,
Findo o julguei; restam fezes,
As fezes esgotarei."

E sobre a rósea face, ora amarela,
A aurora sempre bela radiava,
E o pai, ancião, que a dor rasgava,
Cingia ao corpo seu o corpo dela.

Nem pranto nos seus olhos borbulhava,
E nem nos lábios seus a dor gemia,
E sua alma, qual vaso em calmaria,
Entre vida e morrer imota arfava!

O beijo paternal, por fim, lhe estampa
Na filha, que prazeres só lhe dera;
E filha e pensamento — alguém dissera
Ter juntos sepultado a mesma campa!

Nos céus não tens, Senhor, bastantes anjos,
Por que os venhas assim buscar à terra?
Brilhe a virtude, quando reina o crime,
O crime impune e vil, que às tontas erra.

AS FLORES

Ao Sr. José Praxedes Pereira Pacheco, incansável
Botânico-florista, a quem devemos a introdução no país
das mais belas e curiosas espécies de flores, que jamais
aqui se viram.

Simples tributs du coeur, vos dons sont chaque jour
Offerts par l'amitie, hasardés par l'amour.
Les Jardins.—Delille.

Tu que com tanto afã, com tanto custo,
Estudando, inquirindo, e meditando,
De estranhos climas transplantaste aos nossos
As flores várias no matiz, nas formas,
Modesto horticultor, dos teus desvelos
Este só galardão recebe ao menos!
Recebe-o: também eu gosto das flores,
Folgo também de as ver num campo estreito
De estranhas terras revelando os mimos
E as galas d'outros céus: — aqui perfumam
Nossos jardins de peregrina essência!
Melhoram-se talvez, que as não contristam
Raios tíbios do sol, nem turvos ares,
Nem do inverno o furor lhes cresta o brilho.

Meigas flores gentis, quem vos não ama?
Em vós inspirações o bardo encontra,
Devaneios de amor a ingênua virgem,
À abelha o mel, a humanidade encantos,
Odores, nutrição, bálsamo e cores.
Meigas flores gentis, quem vos não ama?

Linda virgem no albor da vida incerta,

No meio das vivaces companheiras,
Em forma de capela as vai tecendo
Para cingir com ela a fronte e a coma,
Que os anos no passar não enrugaram,
Nem as cãs da velhice embranqueceram.
Resplendor de inocência, onde casados
A açucena, e os jasmins aos brancos lírios
Um só perfume grato aos céus envia;
Meiga coroa de angélica pureza,
Ornamento da vida — que se rompe
Ou quando os membros delicados vestem
O grosseiro burel da penitência,
Ou do noivado as galas! — lá se acaba,
Por fim aos pés do tálamo ou num túmulo!
Meigas flores gentis, quem vos não ama?

Quantas vezes, nas horas da ventura,
A falaz sensação d'um peito ingrato
Não julgamos eterna, imensa, infinda!
Ali nossos anelos se concentram,
Nossa vida ali jaz: — cifra-se inteira
Num brando volver d'olhos, num acento,
Que a ternura repassa, inspira, exala!
Um gemido, um suspiro, um ai, um gesto,
Valem tronos e mais, — o mundo e a vida!
Mas esvai-se a paixão!... que fica? Apenas
Um saudoso lembrar de eras passadas,
De cismadas venturas não fruídas,
Às vezes uma flor!... — Flor dos amores,
Quando extinta a paixão, porque inda existes?
Espinhos de uma rosa emurchecida
Porque sobreviveis às folhas dela?
Mais firme, mais leal, mais vivedoura
Que a volúvel paixão, a flor mimosa
Talvez irrita a dor, talvez a acalma.
Emblemas do prazer, do sofrimento,
Mensageiras do amor ou da saudade,
Meigas flores gentis, quem vos não ama?

Geme a fresca odalisca entre ferrolhos,

Importuna presença a voz lhe tolhe
Do não piedoso eunuco; — a estátua negra
Respeitosa e cruel lhe espreita os gestos:
Chora a gusla mourisca ao som dos ferros,
Lastima-se a cadeia ao som dos passos,
E a humana flor definha entre outras flores;
Mil ouvidos a voz lhe escutam sempre,
E cingidos de ferro, crus soldados
De entorno ao mesto harém velam sanhudos!
Ruge, fero soldam! — treplica os bronzes
Da masmorra cruel: — a planta humilde,
A escrava que recatas tão cioso,
Zomba dos feros teus! Muda e singela
Através das prisões, dos teus soldados,
Passa a modesta flor! Vai n'outro peito,
Mistérios não sabidos relatando,
Contar do infausto amor as provas duras,
Os martírios da ausência, as tristes lágrimas
Que chora — ao reiterar protestos novos!
Bem-fadadas do sol, do amor benquista,
O orvalho as cria, as lágrimas as murcham:
Meigas flores gentis quem vos não ama?

Quem tem o coração a amar propenso,
Quem sente a interna voz que dentro fala,
Delicado sentir d'um brando peito,
Alma virgem que os homens não mancharam,
Quem sofre ou tem prazer, ou ama, ou espera
E vive e sente a vida, esse vos ama:
Encantos da existência em quanto vivos,
Do revés, do triunfo companheiras,
No berço, no docel, no mudo esquife,
Sempre amigas fiéis vos encontramos.
Meigas flores gentis, quem vos não ama?

Modesto horticultor, dos teus desvelos
Este só galardão recebe ao menos;
Paga-te sequer de ver mais bela,
Mais vaidosa, melhor, do sol na terra
A flor modesta, produção sublime

De estranhos climas transplantada ao nosso.

O QUE MAIS DÓI NA VIDA

I cannot but remember such things were,
And were most dear to me.
Shakespeare

O que mais dói na vida não é ver-se
Mal pago um benefício,
Nem ouvir dura voz dos que nos devem
Agradecidos votos,
Nem ter as mãos mordidas pelo ingrato,
Que as devera beijar!

Não! o que mais dói não é do mundo
A sangrenta calúnia,
Nem ver como se infama a ação mais nobre,
Os motivos mais justos,
Nem como se deslustra o melhor feito,
A mais alta façanha!

Não! o que mais dói não é sentir-se
As mãos d'um ente amado
Nos espasmos da morte resfriadas,
E os olhos que se turvam
E os membros que entorpecem pouco e pouco,
E um rosto que descora!

Não! não é ouvir daqueles lábios,
Doces, tristes, compassivas,
Sobre o funéreo leito soluçadas
As palavras amigas,
Que tanto custa ouvir, que lembram tanto,
Que não se esquecem nunca!

Não! não são as queixas amargadas
No triunfar da morte,
Que, se se apaga a luz da vida escassa,

Mais viva a luz rutila;
Luz da fé que não morre, luz que espanca
As trevas do sepulcro.

O que dói, mas de dor que não tem cura,
O que aflige, o que mata,
Mas de aflição cruel, de morte dura,
É morrermos em vida
No peito da mulher que idolatramos,
No coração do amigo!

Amizade e amor! — laço de flores,
Que prende um breve instante
O ligeiro batel à curva margem
Da terra hospitaleira;
Com tanto amor se enastra, e tão depressa,
E tão fácil se rompe!

A mais ligeira ondulação dos mares
Ao mais ligeiro sopro
Da viração — destrançam-se as grinaldas,
O baixel se afasta.
Veleja, foge, até que em plaga estranha
Naufragado soçobre!

Talvez permite Deus que tão depressa
Estes laços se rompam,
Por que nos pese o mundo, e os seus enganos
Mais sem custo deixemos:
Sem custo assim a brisa arrasta a planta,
Que jaz solta na terra!

FLOR DE BELEZA

Não vejas!... se a vires... — Eu sei porque o digo:
Tu morres de amor.
Macedo

Se fosse rainha aquela

Em cuja fronte singela,
Como em tela delicada
Luz da beleza o condão,
Foras rainha adorada;
Mas rainha sedutora,
Que exige preitos numa hora,
E na outra hora adoração.

Foras rainha! e ditosos
Teus vassalos extremosos,
Que ao renderem-te seus preitos
Beijaram-te a nívea mão.
Pedes amor e respeitos!
Quem não ama a formosura,
Quem não respeita a candura
De um sincero coração?

Mas antes que nos curvemos
Ante a beleza que vemos,
Tua angélica bondade
Conquista a nossa afeição:
Não és mulher, mas deidade,
Uma fada sedutora,
Que nos pede amor agora,
Logo mais — adoração.

Quando pois, cheia de graças,
Entre a turba alegre passas,
Entre a turba sequiosa
De beijar-te a nívea mão;
Dizem uns: quanto é formosa!
Eu porém, sei que és mais bela
Nos dotes da alma singela,
Nas prendas do coração.

Passa rápida a beleza,
Como flor que a natureza
Cria em jardim melindroso,
Ou num agreste torrão:
Passa como um som queixoso,

Como felizes instantes,
Como as juras dos amantes,
Como extremos da paixão.

Mas d'alma a vida é mais fina,
Exala essência divina,
Que avigora e fortifica
O dorido coração;
Morto o corpo, ainda fica,
Como em rosal arrancado,
Leve aroma derramado
Dos espaços na extensão.

O ANJO DA HARMONIA

> Respira tanta doçura
> O teu canto, que por certo
> Abranda a penha mais dura.
> Bocage

Revela tanto amor, tão branda soa
A tua doce voz canora e pura,
Que o homem de a escutar sente no peito
Infiltrar-se-lhe um raio de ventura.

Solta-se a alma das prisões terrenas,
O mundo, a vida, o sofrimento esquece,
E embalada num éter deleitoso,
Como Alcion nas águas, adormece!

Da noite a placidez é menos grata
A quem sozinho e taciturno vela,
Quando, perdido n'outros mundos, nota
A meiga luz de fugitiva estrela.

Sensações menos doces, menos vagas,
Desperta o barco leve, que se avista
Ao pôr do sol, na extrema do horizonte,
Quando num mar de luz nos foge à vista.

Das aves o cantar é menos fresco,
É menos triste a fonte que serpeia,
Menos queixoso o mar, que enternecido,
Beija na praia a cintilante areia.

Vagas na terra, suspiroso arcanjo,
Derramando torrentes de harmonia
Sobre as chagas mortais, — bálsamo santo
Que as mais profundas magoam alivia.

Vagas na terra, merencória e bela;
Mas quando deste mundo ao céu tornares,
Juntarás teus terníssimos acentos
Aos puros sons dos místicos altares.

E os anjos na mansão das harmonias,
Encostados, nas harpas diamantinas,
Folgarão de te ouvir celestes carmes
Deduzidos em notas peregrinas.

E dirão: — Nunca às plagas do infinito
Subiu mais terna voz, mais fresca e pura!
Se o corpo é de mulher, sua alma é vaso,
Onde o incenso de Deus se afina e apura.

A HISTÓRIA

The flow and ebb of each recurring age.
Byron

Triste lição da experiência deixam
Os evos no passar, e os mesmos atos
Renovados sem fim por muitos povos
Sob nomes diversos se encadeiam:
Aqui, além, agora ou no passado,
Amor, dedicação, virtude e glória,
Baixeza, crime, infâmia se repetem,
Quer gravados no soco de uma estátua,

Quer em vil pelourinho memorados.
Eis a história! — rainha veneranda,
Trajando agora sedas e veludos,
Depois vestindo um saco desprezível,
De imunda cinza, apolvilhada a fronte.

Se as virtudes do pobre não tem preço,
Também dos vícios seus a nódoa exígua
Não conspurca as nações; mas ai dos grandes,
Que trilham senda errada, a cujo termo
Se levanta a barreira do sepulcro,
Onde se quebra a adulação sem força.
Se virtuoso, as gerações passando
As cinzas lhe beijaram; se malvado
Cospem-lhe afrontas na vaidosa campa,
Jamais de amigas lágrimas molhada.
E qual do Egito nos festins funéreos,
Maldizem bons e maus sua memória,
Lançando à face da real múmia
Dos crimes seus a lacrimosa história.
Talvez, porém, um infortúnio grande,
Um exemplo sublime de virtude
Cobre dourada página, que aos olhos
Pranto consolador do peito arranca.

Eis a história! — um espelho do passado,
Folhas do livro eterno desdobradas
Aos olhos dos mortais; — aqui, sem mancha,
Além golfeja sangue e sua crimes.
Tal foi, tal é: retrato desbotado,
Onde se mira a geração que passa,
Sem cor, sem vida, — e ao mesmo tempo espelho,
Que há de ser nova cópia à gente nova,
Como os anos aos anos se sucedem.
Ondas de mar sereno ou tormentoso,
As mesmas na aparência, que se quebram
Sobre as da areia flutuantes praias.

A CONCHA E A VIRGEM

Linda concha que passava
Boiando por sobre o mar
Junto a uma rocha, onde estava
Triste donzela a pensar;

Perguntou-lhe: — Virgem bela,
Que fazes no teu cismar?
— E tu, pergunta a donzela,
Que fazes no teu vagar?

Responde a concha: — Formada
Por estas águas do mar,
Sou pelas águas levada,
Nem sei onde vou parar!

Responde a virgem sentida,
Que estava triste a pensar:
— Eu também vago na vida,
Como tu vagas no mar!

— Vais d'uma a outra das vagas,
Eu d'um a outro cismar;
Tu indolente divagas,
Eu sofro triste a cantar.

— Vais onde te leva a sorte,
Eu, onde me leva Deus:
Buscas a vida, — eu a morte;
Buscas a terra, — eu os céus!

SEI AMAR

Amor amore.
Provérbio

Sei amar com paixão ardente e fida,
Como o nauta ama a terra, como o cego
A luz do sol, como o ditoso a vida.

Sim, sei amar; porém do imenso pego
D'uma existência mísera e cansada,
Quero uma hora, um instante de sossego.

Dera a vida a uma alma apaixonada,
A um peito de mulher que me entendesse,
Onde eu pousasse a fronte acabrunhada.

Porém que fosse minha! e que eu soubesse
Que os lábios que beijei são meus,
Nem pensa em outro, nem de mim se esquece.

Nem vai de pronto derramar demente
N'outros ouvidos a palavra, o acento,
Que em êxtase de amor criei fervente.

Nem corre o seu volátil pensamento,
Quando falo, a pensar n'outros amores,
N'outra voz, n'outros sons, n'outro momento.

Demais, acostumado a teus rigores,
Não me queixo, bem vês, mas despedaço
A prisão vil, embora oculta em flores.

Se entro furtivo, onde outro mais de espaço
Como senhor campeia — ao mais querido
Cedo o ingresso, ao mais ditoso o passo.
Não me contenta um coração partido,
Um só amor que a dois pertence, — um peito,
Que bate por dois homens, fementido.

Se eu único não sou, — vil, não aceito
Ser segundo em amor, — inteiro é nobre,
Vale um trono; — partido, é dom tão pobre,
Que eu pobre, como sou, de altivo enjeito.

AMANHÃ

Amanhã! —é o sol que desponta,
É a aurora de róseo fulgor,
É a pomba que passa e que estampa
Leve sombra de um lago na flor.

Amanhã! — é a folha orvalhada,
É a rola a carpir-se com dor,
E da brisa o suspiro, — é das aves
Ledo canto, — é da fonte o frescor.

Amanhã! — são acasos da sorte;
O queixume, o prazer, o amor,
O triunfo que a vida nos doura,
Ou a morte de baço palor.

Amanhã! — é o vento que ruge,
A procela de horrendo fragor,
É a vida no peito mirrada,
Mal soltando um alento de dor.

Amanhã! — é a folha pendida,
E' a fonte sem meigo frescor,
São as aves sem canto, são bosques
Já sem folhas, e o sol sem calor.
Amanhã! — são acasos da sorte!
É a vida no seu amargor,
Amanhã! — o triunfo, ou a morte;
Amanhã! — o prazer, ou a dor!

Amanhã! — que te importa se existes?
Folga e ri de prazer e de amor;
Hoje o dia nos cabe e nos toca,
De amanhã Deus somente é Senhor!

POR UM AI

Se me queres ver rendido,

De joelhos, a teus pés,
Por um olhar que me lances,
Por um só ai que me dês;

Se queres ver o meu peito
Rugindo como um vulcão,
Estourar, arder em chamas,
Ferver de amor e paixão;

Se me queres ver sujeito,
Curvado e preso à tua lei,
Mais humilde que um escravo,
Mais orgulhoso que um rei;

Meus olhos sobre os teus olhos,
Meu coração a teus pés;
Por um olhar que me lances,
Por um só ai que me dês:

Veja eu sobre os teus lábios
Esta só palavra — amor! —
Estrela cortando os ares,
Abelha sobre uma flor.

Então veras dos meus olhos,
Que o pesar me não cegou,
Rebentarem de alegria
Prantos, que a dor estancou;

Então verás o meu peito
Como outra vez se incendia;
Era a folha verde e fresca,
Onde o sol se refletia!

Murcha e triste pende agora;
Caiu, jaz solta, está só:
Exposta ao fogo, arde em chamas,
— Deixai-a, desfaz-se em pó!

Hei de sentir outra vida,

Outra vez meu coração
Escutarei palpitando
De amor, de fogo e paixão.

Lascado tronco sem graça
Tal fui, tal me vês agora!
Mas venha o orvalho celeste,
Venha o bafejo da aurora;

Venha um raio de alegria
Dar-lhe às raízes calor;
Revive de novo, e brota
Folhas, galhos e verdor.

Do cimo erguido e copado
Outra vez se dependuram
Mil flores, — ali mil aves
Nos seus gorjeios se apuram.

Não quero palavras falsas,
Não quero um olhar que minta,
Nem um suspiro fingido,
Nem voz que o peito não sinta.

Basta-me um gesto, um aceno
Uma só prova, — e verás
Minha alma, presa em teus lábios,
Como de amor se desfaz!

Ver-me-hás rendido e sujeito,
Cativo e preso à tua lei,
Mais humilde que um escravo,
Mais orgulhoso que um rei!

PROTESTO
Imitação de uma poesia Javanesa

Ainda quando os homens te odiassem,
E anátema contra ti gritasse o mundo,

Por ti sentira amor, te amara sempre,
Te amara eternamente.

Este afeto jamais há de alterar-se;
Embora gêmeos sóis ardam no espaço,
Ou gêmeas noites, em cegueira eterna,
Me roubem o prazer de ver teus olhos.

Entranha-te na terra, hei de afundar-me;
Passa através do fogo, irei contigo;
Aos céus remonta, hei de seguir-te sempre,
Ver-me-ás sempre a teu lado.

De ti não pode a força desprender-me,
Nem separar-me o fado. Em ti só vivo;
E quem dos dias teus souber o termo,
Que a vida me deixou também conheça.

Quando nas asas da esperança corro,
Onde me acenas, onde amor me aguarda,
Parece-me que voo aos ledos campos,
Onde a esperança mora.

Não há que possa comparar-se aos êxtases,
Que tanto ao vivo meu amor revelam;
Um gesto, um som dos lábios teus mimosos
Mil vezes na minha alma se repete.

Quer irritada contra mim te mostres,
Quer do teu seio irosa me repilas,
Teu rosto na minha alma se retraia,
E eu te amo sempre!

Quer durma, quer descanse, ou vele ou sofra,
Em tudo quanto sinto, em quanto vejo,
Risonha tua imagem me aparece,
E eu julgo sempre que te falo e escuto.

Seja eu longe da pátria infindas léguas,
A distância de um mundo entre nós corra,

Enquanto além divago, preso fica
Meu coração contigo.

Se pois souberes que os meus dias findam,
Não creias que o destino inexorável
M'os corta — antes me tem, antes me julga
Morto por ti de amores!

FADÁRIO

Procura o ímã sempre
Do polo a firme estrela,
De viva luz o inseto
Se deixa embelezar;
E a nave contrastada
Dos roncos da procela,
Procura amigo porto,
No qual possa ancorar.

O ímã sou constante,
A nave combatida,
O inseto encandeado
Com fulgido clarão;

E tu — a minha estrela,
A luz da minha vida,
O porto que me acena
Por entre a cerração.

Assim, por desgostar-me,
Severa no semblante,
No olhar, na voz — debalde
Me oprime o teu rigor;
Se fujo dos teus olhos,
Se mostro-me inconstante,
Na ausência e no desterro
Me vai crescendo o amor!

Assim o inseto volta
À luz que o já queimara,
E o ímã na tormenta
Procura o norte seu;
Assim a nave rota,
Que o vento contrastara,
Entrando o porto, esquece
Que males já sofreu.

Debalde, pois, tua alma,
Que a minha dor enxerga,
Se mostra áspera e dura
A voz do meu penar;
Aquele verde ramo,
Que facilmente verga,
Resiste ao peso, enquanto
Não torna ao seu lugar.

Se, pois, te irrita e cansa
De o ver revel contigo,
Do tronco seu virente
Separa-o de uma vez:
Mais que ele venturoso
Me julgo, se consigo
Morrer vendo os teus olhos,
Cair junto a teus pés.

Mas, inda assim, não creias,
Se finda o meu tormento,
Que nem lembrança minha
Terás de conservar:
A nave, que não toca
No porto a salvamento,
Talvez os rotos mastros
Atira à beira-mar.

Assim, quando jazendo
Me achar na campa fria,
Talvez tenhas remorsos
Da tua ingratidão;

Talvez que por mim sintas
Alguma simpatia,
Que em lágrimas desfeita
Me dês amor então.

O ASSASSINO

Pero una sola lágrima, um gemido
Sobre sus restos à ofrecer no van
Que es sudário d'infames el olvido...
Bien con su nombre en su sepulcro estan!
Zorrilla

Ei-lo! seu rosto pálido se encova;
Incerto, mais que os voos d'um morcego,
Seu andar, ora lento, ora apressado,
Profunda agitação revela aos olhos.

Crespos os cenhos, enrugada a fronte,
Semelha luz de tocha mortuária
A luz que os olhos seus despedem torvos.
Momentos há em que o seu rosto fero
De tal arte se enruga e se transtorna,
Que os seus próprios amigos o fugiram
E temeu sua mãe de o unir ao seio.
Quando os lábios descerra, só murmura
Frases, cujo sentido não se alcança,
Ou blasfêmias a Deus, que o sofre em vida!
O que amou n'outro tempo, agora odeia;
Despreza o que estimou, evita, foge
Quanto afanoso procurava outrora:
Receia a luz do sol, o véu da noite,
A voz do crime, o grito da inocência!

A cólera de Deus caiu tremenda
Sobre o seu peito, e o coração lhe oprime,
De cuja interna chaga em jorros salta
O sangue e a podridão: horrendo e fero.
A vítima das fúrias do remorso,

Terrível e cobarde, e ao mesmo tempo
Rebelde contra a mão, que o vexa e pune,
Enquanto a Deus maldiz, blasfema, irrita,
D'uma voz, d'uma sombra se acobarda.

Não pode suportar seus pensamentos
A sós consigo, e aborrecendo os homens
De os ver e de os não ver sofre martírios.
Na cidade suspeita esposa, amigos,
A mãe e os filhos; — um terror, um pasmo,

Cuja causa recôndita se ignora,
Na voz, no rosto e gesto o denunciam
Como escravo do crime ou da miséria.
No ermo a própria voz o sobressalta!
O som dos passos, do seu corpo a sombra,
Das fontes o correr por entre as pedras,
Da brisa o suspirar por entre as folhas,
Quanto vê, quanto escuta o intimida.
Minaz lhe brada a natureza inteira,
Soluça um nome que lhe irriça a coma
E o frio do terror lhe imerge n'alma.

O mar nas ondas crespas, que se enrolam,
Batidas pelo açoite da procela
Troveja o mesmo nome; as vagas dizem-no
Quando passam, cuspindo lhe o semblante;
E Deus, o próprio Deus no espaço o grava
Nos fuzis que os relâmpagos centelham.

Tem medo, quando sonha e quando vela.
Deixando o leito em seu suor banhado,
No silêncio da noite — a horas mortas,
Levanta-se medonho; range os dentes,
Nas mãos convulsas um punhal aperta

E a lâmina buída e os olhos torvos
Agoureiro clarão despedem juntos.
Soltando roucos sons com voz sumida,
Apalpa cauteloso as densas trevas,

E vai... caminha... atende... de repente
Apunhala um fantasma! — solta um grito,
Larga o punhal convulso e arrepiado!
Num ferrete de sangue lê seu fado,
Um ferrete, que a dor não desfaz nunca,
Nem lava o pranto, nem consome o tempo.

Miserável, provando o fel da morte,
Ante o passo medonho se horroriza,
Odeia o mundo que fugir não pode,
Rejeita a religião que o não consola,
Odeia e teme a Deus, — teme a justiça
De quem na fronte vil do fratricida
Nódoa eterna gravou do crime infando.

A UNS ANOS

14 Janeiro

No segredo da larva delicada
        A borboleta mora,
Antes que veja a luz, que estenda as asas,
        Que surja fora!

A flor, antes de abrir-se, se recata;
        No botão se resume,
Antes que mostre o colorido esmalte,
        Que espalhe o seu perfume.

E a flor e a borboleta, após a aurora
        Breve — da curta vida,
Encontram as manhãs da primavera
        E a luz do sol querida.

De graças cheia, a delicada virgem
        Da vida no verdor,
Semelha à borboleta melindrosa,
        Semelha à linda flor.

Tudo se alegra e ri em torno dela,

Tudo respira amor;
Que é a virgem formosa semelhante
À borboleta e à flor.

Para estas o sol breve se esconde,
Passam prestes os dias;
Enquanto em cada aurora, em cada ano
Tu novas graças crias!

QUANDO NAS HORAS

And dost thou ask, what secret woe
I bear, corroding joy and youth?
And wilt thou vainly seek to know
A pang e'en thou must fail to soothe?
Byron.

I
Quando nas horas que contigo passo,
Do amor mais casto, do mais doce enlevo,
Sentindo um raio de esperança amiga,
Que as densas trevas da minha alma aclara;

Teus meigos olhos sobre os meus se fitam,
Sorvo o perfume que tua alma exala,
Gozo o sorriso que os teus lábios vertem
E as doces notas que o prazer me entranham;

Tu me perguntas por que um riso amargo,
Fúnebre e triste me descora os lábios;
Por que uma nuvem de pesares grávida
Tolda o meu rosto;

Por que um suspiro de abafada angústia,
Um ai do peito, que exalar não ouso,
O meigo encanto dos teus sonhos quebra
Num breve instante!

Raio de amor, que sobre mim resplendes,
Ou sol que bates num profundo abismo,
E a verde-negra superfície tinges
De cor chumbada com reflexos d'oiro;

Se vês luzente a superfície amiga,
E à luz que espalhas aclarar-se o abismo,
Sol benfazejo, que te importa as fezes,
Que lá no fundo adormecidas jazem?

Talvez, se a viras, encobrindo os olhos,
De horror fugindo ao temeroso aspecto,
Os brandos lumes, d'onde amor destilas,
Breve apagaras.

Não me perguntes por que sofro triste,
Por que da morte o negro espectro invoco,
Por que, cansado desta vida, almejo
A paz dos túmulos.

Nem ver procures a cratera hiante
Do peito meu, que inda fumega em cinzas,
Do peito meu, onde cruéis travaram
Pleitos, não crimes, mas paixões que abrasam.

Dá que nas horas que contigo passo
Do amor mais casto e do mais doce enlevo,
Durma o passado e do porvir me esqueça,
E o meu presente de te amar se ameigue.

II
Se algum suspiro de abafada angústia,
Se um ai do peito que exalar não ouso,
O meigo encanto dos teus sonhos quebra,
Tu me perdoa.

Cansado e triste de viver sofrendo,
Da morte amiga o negro espectro invoco,
Afiz-me as dores, e só torva imagem
Me apraz agora.

Talvez na pedra d'um sepulcro frio
Melhor folgara de me ver deitado,
Sentir nos olhos estancado o pranto
E amodorrado o padecer no peito.

Talvez folgara minha sombra triste,
Vagando em torno d'uma campa lisa,
De verte as formas, de escutar teus passos,
E de entender tua oração piedosa.

Talvez folgara, quando pranto amargo
Dos olhos teus me rorejasse a campa,
Dos meigos lábios, onde amor temperas,
        Meu nome ouvindo!

Oh! sim, folgara de sentir a brisa,
Correndo em torno ao momento meu,
E tu sozinha no sepulcro humilde,
Guardando os tristes deslumbrados ossos!

Junto ao meu corpo guardarei teu leito,
Onde os teus restos junto aos meus descanse;
E o mesmo sol, e a mesma lua e brisa
        Juntos nos vejam.

E quando o anjo espedaçar as campas
Ao som da trompa de fragor horrendo,
Que há de o letargo despertar dos mortos
        Na vida eterna;

Primeiro em ti se fitarão meus olhos:
Hei de alegrar-me de te ver comigo,
E as nossas almas subirão reunidas
À eterna face do juiz supremo.

E deste amor por que ambos nós passamos,
O galardão lhe pediremos ambos,
De unidos na mansão viver dos justos,
Ou nos tormentos da eterna geena!

III

No entanto a vida suportar já devo,
Sofrer o peso da existência inglória,
E revolvendo o coração chagado,
Nos seus estragos numerar meus dias.

Na terra existo, como um som queixoso,
Um eco surdo, que entre as fragas dorme,
Ou como a fonte, que entre as pedras corre,
Ou como a folha sob os pés calcada.

Uma alma em pena, que procura os restos
Não sepultados, — uma flor que murcha,
D'uma harpa a corda, que por fim rebenta,
          Ou luz que morre.

Prazer não acho de avistar a lua
Pálida e bela na solidão do espaço;
Nem vivos astros, nem perfumes gratos
          Me dão consolo.

Nada percebo nos confusos roncos
Do mar, que bate as soltarias praias;
Nem nos gemidos da frondosa selva,
Que o sopro amigo de uma aragem move.

Conviva infausto d'um festim, que odeio,
As próprias galas que vaidosa ostenta
A natureza — não se ri minha alma,
Nem de as notar meu coração se alegra.

E sinto o mesmo que sentira o frio,
Mudo cadáver dos festins do Egito,
Se ver pudesse, contemplando o nada
          Das vãs grandezas.

Mas já que os olhos sobre mim pousaste,
Teus meigos olhos, donde o amor lampeja;
Pois que os teus lábios para mim se abriram,

Teus meigos lábios;

Já que o perfume da tua alma de anjo
Embalsamou-me o coração de aromas;
Já que os prazeres da eternal morada
De longe, em sonhos, antevi contigo:

Já posso a vida suportar, já devo
Sofrer o peso da existência inútil;
Já do passado e do porvir me esqueço,
E o meu presente de te amar se ameiga.

RETRATAÇÃO

Son reso, non mi difendo;
Puniscimi, se vuoi!
Metastasio

Perdoa as duras frases que me ouviste:
Vê que inda sangra o coração ferido,
Vê que inda luta moribundo em ânsias
Entre as garras da morte.

Sim, eu devera moderar meu pranto,
Sofrear minhas iras vingativas,
Deixar que as minhas lágrimas corressem
Dentro do peito em chaga.

Sim, eu devera confranger meus lábios,
Morde-los até que o sangue espadanasse,
Afogar na garganta a ultriz sentença,
Apagá-la em meu sangue.

Sim, eu devera comprimir meu peito
Conter meu coração, que não pulsasse,
Apagado vulcão, que inda fumega,
Que faz, que jorra cinzas?

Que me importava a mim teu fingimento,
Se uma hora fui feliz quando te amava,

Se ideei breve sonho de venturas
Dormido em teu regaço;

Luz mimosa de amor que te apagaste,
Ou gota pura de cristal luzente
Filtrando os poros de uma rocha a custo,
Caída em negro abismo!

Devera pois meu pranto borrifar-te
Amigo e benfazejo, como aljôfar
De branco orvalho em pérolas tornado
Num cálice de flor:

Não converter-se em pedras de saraiva,
Em chuva de granizo fulminante,
Que em chão de morte as pétalas viçosas
Desfolhasse entreabertas.

Feliz o doce poeta,
Cuja lira sonorosa
Ressoa como a queixosa
Trépida fonte a correr;
Que só tem palavras meigas,
Brandos ais, brandos acentos,
Cuja dor, cujos tormentos
Sabe-os no peito esconder!

Feliz o doce poeta
Que não andou em procura
De terrena formosura,
Nem as graças lhe notou!
Que lhe não deu sua lira,
Que lhe não deu seus cantares,
Que lhe não deu seus pesares,
Nem junto dela quedou!

Antes na mente escaldada
Forma um composto divino
De algum ente peregrino
De algum dos filhos dos céus;

E ante essa imagem criada
Que vê sempre noite e dia,
Dobra as leis da fantasia,
Acurva os desejos seus.

É dela quando se carpe,
É dela quando suspira,
É dela quando na lira
Entoa um canto feliz:
Dela acordado ou dormido,
Dela na vida ou na morte,
Tenha alegre ou triste sorte,
Seja Laura ou Beatriz!

Que talvez a doce imagem,
A cismada fantasia
Há de o poeta algum dia
Junto de Deus encontrar;
E que havendo-a produzido
Antes do mundo formado
Dê-lhe um sonhar acordado
Por um viver a sonhar!

ANELO

No lago interior d'um peito virgem,
Que os ventos das paixões não agitaram,
Hei de em cifras de amor gravar meu nome,
Onde as nuvens do céu desenham cores.

Nos meigos olhos, que embeleza o mundo,
De corrosivas lágrimas enxutos,
Meu pensamento gravarei num beijo,
Onde as luzes do céu refletem brilhos.

Em sua alma, onde uma harpa melindrosa
Noite e dia seus cânticos afina,
Hei de a vida entornar em doces carmes,
Onde imagens do céu somente brilham.

Que outra coroa melhor, que outra mais pura,
Que uma coroa d'amor em fronte virgem?!
Não pesa sobre a fronte, não esmaga,
Não punge o coração, — é toda amores!

Que outra coroa melhor, que outra mais bela
Que a auréola que Deus concede aos vates?
Com sorriso de amor, talvez chorando,
Cede-a o vate à mulher, que mais o inspira!

Eu t'a cedo, eu t'a dou! Coroou-te imagem
Resplendente e sagrada entre as mulheres;
Um beijo só de amor tu me concedas,
Um suspiro sequer do peito exales.

QUE ME PEDES

Tu pedes-me um canto na lira de amores,
Um canto singelo de meigo trovar?!
Um canto fagueiro já — triste — não pode
Na lira do triste fazer-se escutar.

Outrora, coberto meu leito de flores,
Um canto singelo já soube trovar;
Mas hoje na lira, que o pranto umedece,
As notas de outrora não posso encontrar!

Outrora os ardores que eu tinha no peito
Em cantos singelos podia trovar;
Mas hoje, sofrendo, como Hei de sorrir-me,
Mas hoje, traído, como hei de cantar?

Não pecas ao bardo, que aflito suspira,
Uns cantos alegres de meigo trovar;
À lira quebrada só restam gemidos,
Ao bardo traído só resta chorar.

O CIÚME

Oh! quanta graça e formosura adorna
Teu rosto eloquente e vivo!
Se a sombra de um sorrir te afrouxa os lábios,
Prestes outro sorrir dos meus rebenta;

Se vejo os olhos teus, que chorar tentam,
Debalde o pranto meu represo engulo;
Se do teu rosto as rosas se esvaecem,
Eu sinto de temor bater meu peito;
E quando os olhos teus nos meus se fitam,
Nem pesares, nem dores predominam;
Mas sinto que o meu peito se enternece,
Sinto o meu coração bater mais livre,
Sinto o sorriso, que me ri nos lábios,
Sinto o prazer, que me transluz no rosto,
Sinto delícias n'alma!

Quanta beleza tens! — quer dessas graças,
Que o amor inveja — num sarau brilhante
No meio de belezas, que suplantas,
Prazer e galas de as mostrar ressubres;
Quer estejas sozinha e pensativa,
Quer viva e folgazã prazer incites:

Ou num corcel em páramos desertos,
Correndo afoita e louca, e o pé mimoso
Da carreira no afã por sob as vestes
Transparecer deixando;

Ou balançada num ligeiro barco,
Que de um lago tranquilo as águas frisa,
Soltando a voz às brisas namoradas,
Que de te ouvir suspiram;

Ou numa bronca penha descalvada
O mar e os céus contemples pensativa,
E a rédeas soltas do pensar divagues
Nos campos do infinito;

És sempre bela: já teus olhos brilhem
Luz que fascina, ou mórbidos reflexos,
Teus lábios entreabertos sempre exalam
Calor, que incêndio ateia.

Oh! que bela tu és, quando assentada
No teu balcão, ao refulgir da lua,
Manso te apoias em coxins de seda
E o belo azul dos céus triste encarando
Pensas em Deus, — talvez no teu futuro,
Talvez nos teus pesares, — que na fonte
De limpa pura, cristalina e fresca
Aquática serpente usa ocultar-se.

Mas como és bela assim! com a mão sem força
Tirando sons perdidos, sons que encantam,
Sons que infundem prazer, sons de harpa tristes!
Mas como és bela assim! — quando o teu peito
Entre a gaza sutil de leve ondeia!

Como a onda do mar pausada e fraca
Se abaixa, e empola, e mais e mais se achega
À doce praia onde os seus ais se quebram,
Assim teu peito bate, e nos teus lábios
Do extremo palpitar morre um suspiro.

Como da harpa afinada a corda soa
Mal desfere seus sons outro instrumento;
Assim também minha alma se entristece,
Assim também meu peito arqueja e pula!

Eis porque amor me liga aos teus destinos,
Porque sou teu escravo, — bem que saiba
Que se a tua alma a beleza
Tem de um anjo a formosura,
Não tens de um anjo a candura,
Nem tens dele a singeleza!

Eis porque ardo por ti, porque padeço

Do inferno crus tormentos;
Porque dos zelos o fel mancha minha alma
De infames pensamentos!

Mas que importa este amor que me consome?
Eu quero sentir dor;
Quero lábios que entornem nos meus lábios
Alento escaldador!

Quero fogo sentir contra o meu peito,
Quero um corpo cingir que eu sinta arder,
Quero beijos só teus, carícias tuas,
Que dão morrer!

Que importa ao edifício que cintila,
De roaz fogo tomado,
Ser por um raio abrasado
Ou por ignóbil favela?

É sempre ardor, sempre fogo,
Sempre de incêndio o clarão,
Sempre o amor que estua e ferve
Como um gigante vulcão.

A NUVEM DOIRADA
(num álbum)

A nuvem doirada se espraia no ocaso,
Roçando com as franjas o trono de Deus;
A águia arrojada seus voos levanta,
Traçando caminhos nos campos dos céus!

Exala perfumes a flor do deserto,
Embora dos ventos o sopro fatal
Embace-lhe as cores, — e o mar orgulhoso
Suspira queixoso — no extenso areal.

E os bardos mimosos nos cantos singelos
Imitam as nuvens no incerto vagar:
Exalam perfumes, — vão sós como as águias,
Suspiram queixumes das vagas do mar.

Por isso quem ama, quem sente no peito
Cantar-lhe das liras a lira melhor;
Os carmes lhes ouve, que os bardos só cantam
Saudades, perfumes, enlevos e amor!

SONHO DE VIRGEM

A D. A. C. G. A.

I

Que sonha a donzela,
Tão vaga, tão linda,
Benquista e bem vinda
Na terra e no céu?
Que cisma? que pensa?
Que faz? que medita,
Que o seio lhe agita
Tão bravo escarcéu?

Que faz a donzela,
Se lágrimas quentes
Das faces ardentes
Lhe queimam a tez?
Que sonha a donzela,
Se um riso fagueiro,
Donoso e ligeiro
Nos lábios lhe vês?

Que faz a donzela,
Que cisma, ou medita?
Talvez lá cogita
Fruir algum bem;
Então porque chora?
Se curte agras dores
De ingratos amores,

O riso a que vem?

Semelha à donzela,
Que ri-se e que chora,
À límpida aurora,
Que orvalha dos céus;
Não luz mais brilhante,
Não chora mais prantos,
Não tem mais encantos,
Que um riso dos seus.

II
Quem me dera saber quais são teus sonhos,
Aventar teus angélicos desejos,
Saber de quantas ledas fantasias,
De quantos melindrosos pensamentos
Um suspiro se nutre, um ai se gera.
Virgem, virgem de amor, que vais boiando
ã flor da vida, como rósea folha,
Que aragem branda sacudiu nas águas;
Que gênio bom a mágica vergasta
Em troco de um sorriso te concede?
Que poderosa fada te embalsama
A vida e os sonhos? — que celeste arcanjo
Embala, agita as criações que ideias,
Como em raio do sol dourados átomos,
Com que invisível ser brincar parece!
Virgem, virgem de amor, quais são teus sonhos?

III
Talvez quando o sol nasce, lá divisas
Na líquida extensão do mar salgado
Correr com mansas brisas
Um ligeiro batel aparelhado.

As velas de cetim brancas de neve
Rutilam dentre as flâmulas e cores,
E o barco airoso e leve
Nos remos voga de gentis amores.

Não formam rijos sons celeuma dura,
Nem a companha entre bulcões desmaia;
Aragem fresca e pura
Doces carmes de amor conduz à praia.

Sonhas talvez nas orlas do ocidente,
De um regato sentada a branda margem,
Ver surgir de repente
De uma cidade a caprichosa imagem!

Soberbas construções fantasiando,
Vês agulhas sutis cortando os céus,
E a luz do sol doirando
Rútilos tetos, altos coruchéus.

Sonhas talvez palácios encantados.
Espaçosos jardins fontes de prata,
Vergeis de sombra grata,
Onde a alma folga, isenta de cuidados.

Sonhas talvez, mas inocente Armida,
Passar a fácil quadra dos amores,
Tendo em laço de flores
Preso de quem mais amas peito e vida!

IV
Quem me dera saber quais são teus sonhos,
Aventar teus mais íntimos desejos,
E ser o gênio bom que t'os cumprisse!

V
Nem só prazeres medita,
Nem só pensa em belas flores;
Muitas há que almejam dores,
Como outras buscam amor:
É que as punge atra amargura,
Que o peito anseia e fatiga;
É sede que só mitiga
Talvez aflição maior.

Quase gozam, quando sofrem
Um pranto cansado e lento;
Quando um comprido tormento
Lhes derrete o coração:
Não é martírio de sangue,
Como nas eras passadas;
Mas há lágrimas choradas,
Que também martírio são.

Há dores que melhor ralam
Que provas d'água ou de fogo,
Que ver apinhado o povo
Num banquete canibal;
Que sentir no anfiteatro
As vivas carnes rasgadas,
Pelas unhas afiadas
De um fero lobo cerval.

VI
Quem me dera saber quais são teus sonhos,
Aventar teus mais fundos pensamentos,
E ser o gênio bom que t'os cumprisse,
Quando fossem de amor teus meigos sonhos!

VII
Mas donde emana essa fonte
De inexplicável ternura,
Que os golpes da desventura
Não podem jamais cansar;
Essa vida toda extremos,
Esse ardor de todo o instante,
Esse amor sempre constante,
Que nunca se vê minguar?

Quisera virgem donosa
Saber a origem divina
Dessa fonte peregrina
De tanta luz e calor;
Então pudera em meus cantos,
Tratar dos teus meigos sonhos,

Formar uns quadros risonhos
De quanto sentes de amor.

Roubando as cores do íris,
Das estrelas os fulgores,
O aroma que tem as flores,
O vago que tem o mar;
Talvez pudera os mistérios,
As douradas fantasias,
As singelas alegrias
D'um peito virgem cantar.

MEU ANJO, ESCUTA

Le mal dont j'ai souffert s'est enfui comme um rêve,
Je n'en puis comparer le lointain souvenir
Qu'à ces brouillards légers que l'aurore sonleve
Et qu'avec la rosée on voit s'évanouir.
Musset

Meu anjo, escuta: quando junto à noite
Perpassa a brisa pelo rosto teu,
Como suspiro que um menino exala;
Na voz da brisa quem murmura e fala
Brando queixume, que tão triste cala
No peito teu?
Sou eu, sou eu, sou eu!

Quando tu sentes lutuosa imagem
De aflito pranto com sombrio véu,
Rasgado o peito por acerbas dores;
Quem murcha as flores
Dobrando sonho? — Quem te pinta amores
D'um puro céu?
Sou eu, sou eu, sou eu!

Se alguém te acorda do celeste arroubo,
Na amenidade do silêncio teu,
Quando tua alma n'outros mundos erra, —

Se alguém descerra
Ao lado teu
Fraco suspiro que no peito encerra;
Sou eu, sou eu, sou eu!

Se alguém se aflige de te ver chorosa,
Se alguém se alegra com um sorriso teu,
Se alguém suspira de te ver formosa
O mar e a terra a enamorar e o céu;
Se alguém definha
Por amor teu,
Sou eu, sou eu, sou eu!

OS BEIJOS

Amo uns suspiros quebrados
Sobre uns lábios nacarados
A gemer, a soluçar;
Como a onda bonançosa,
Que numa praia arenosa
Vem tristemente expirar!

Amo ouvir uma voz pura,
Uns acentos de ternura,
Que trazem vida e calor;
Que se derramam a medo,
Como temendo o segredo
Revelar do oculto amor!

Amo a lágrima que chora
Terna virgem que descora,
Presa de interna aflição;
Amo um riso, um gesto vivo,
Um olhar honesto, esquivo,
Que alumia o coração.

Porém mais que o olhar honesto,
Mais que o riso e brando gesto,
Mais do que o pranto a correr,

Mais que a voz quando amor jura,
Que um suspiro de ternura,
Que vem aos lábios morrer;

Amo o leve som de um beijo,
Quando rompe o véu do pejo,
Mal sentido a murmurar:
É viva flor de esperança,
Que nos promete bonança,
Como a flor do nenúfar.

Mente o olhar da donzela,
Mente a voz que amor assela,
Mente o riso, mente a dor;
Mente o cansado desejo.
Só não mente o som de um beijo,
Primícias de um longo amor!

Beijos que são? Duas vidas,
São duas almas unidas,
Que o mesmo fogo consome:
São laços estreito de amores;
Porque são os lábios flores
De quc os beijos são perfume!

Beijos que são? — Ai do peito,
Selo breve, laço estreito
D'um cansado bem querer;
Saibo dos gozos divinos,
Que nos lábios femininos
Quis Deus bondoso verter.

Já por feliz me tivera,
Triste de mim! se eu pudera
Dizer o que os beijos são:
Sei que inspiram luz e calma,
Sei que dão remanso à alma,
Que trazem fogo a paixão.

Sei que são flores de esperança,

Que nos prometem bonança,
Como a flor do nenúfar:
Quem fruiu um ledo beijo,
Ter não pode outro desejo,
Nada já pode gozar.

Sei que deles não se esquece
Triste velho, que esmorece
À míngua de coração:
Viva estrela em noite escura,
Viva brasa em cinza pura,
Em neve algente um vulcão

Sei que frui-los uma hora
De ventura sedutora,
É subir em vida aos céus,
É fugir da vida escassa,
Roubar ao tempo que passa
Um dos momentos de Deus.

Sei que são flores de esperança,
Que nos prometem bonança,
Como a flor do nenúfar!
Quem os fruiu o que espera?
Já gozou, já não tem era,
Já não tem mais que esperar.

DESESPERANÇA

Antes d'espirar el dia,
Vi morir a mi esperanza.
Zarate

Que me importa do mundo a inclemência
E esta vida cruel, amargada?
Desde que os olhos abri à existência
Um vislumbre de amor não achei!
Nem uma hora tranquila e fadada,
Nem um gozo me foi lenitivo;
Mas no mundo maldito em que vivo

Quantas ânsias, meu Deus, não provei!

Já bastante lutei com meu fado!
Quando outrora corri descuidoso
Atrás de um bem, não real, mas sonhado,
Transbordava de sonhos gentis:
Eu julgava que a um peito brioso
Ou que a uma alma que fácil se inflama
Por virtudes, por glória, ou por fama,
Era fácil aqui ser feliz.

Via o mundo através dos meus prantos
A sorrir-se pra mim caroável,
Refletindo celestes encantos,
Que era visto d'um prisma através:
Hoje trevas em manto palpável
Me circundam, — nem já por acerto
Vejo triste nos prantos que verto
Luz do céu refletida outra vez!

Que me resta na terra? — Estas flores
Afagadas do sopro da brisa,
Disputando do sol os fulgores,
Balançadas no débil hastil!
Estas fontes de prata, que frisa
Brando vento, — estas nuvens brilhantes,
Estas selvas sem fim, sussurrantes,
Estes céus do gigante Brasil;

Nada já me renova a esperança,
Que jaz morta qual flor ressequida,
Só me resta a querida lembrança
Que o martírio se acaba nos céus:
Foge pois, ó minha alma, da vida;
Foge, foge da vida mesquinha,
Leva a tímida esperança, caminha,
Até parar na presença de Deus.

Que estes gozos de etéreos prazeres,
Que esta fonte de luz que ilumina,

Que estes vagos fantasmas de seres,
Que cismando só posso enxergar;
Que os amores de essência divina,
Que eu concebo e procuro e não vejo,
Que este fundo e cansado desejo,
Deus somente t'os pode fartar.

Vai assim a medrosa donzela,
Pura e casta na ingênua beleza,
Buscar luz à remota capela,
Branca cera na pálida mão:
Tudo é sombra, silêncio e tristeza!
Mas ao toque do fogo sagrado,
Arde em chamas o círio apagado,
Já rutila brilhante clarão.

SE QUERES QUE EU SONHE

Sur mon front, où peut-eire s'acheve
Un songe noir qui trop long temps dura,
Que ton regard come un astre se leve,
Soudain mon reve
Rayonnerá.
V. Hugo

Tu queres que eu sonhe! — que ao menos dormido
Conheça alegrias, desfrute prazeres,
Que nunca provei;
Que ao menos nas asas de um sonho mentido
Perdido—arroubado, também diga: amei!

Tu queres que eu sonhe! — não sabes que a vida
Me corre penosa, — que amarga por vezes
A própria ilusão!
No pálido riso d'uma alma afligida,
Que invida — ser leda, que dores não vão!

Se o pranto, que os olhos cansados inflama,
Nos olhos de estranhos simpático brilha,

Mais agro penar
Do triste o sorriso nos peitos derrama,
Se a chama — revela, que almeja ocultar.

Sonhando, percebo na mente agitada
Um mar sem limites, áreas fundidas
Aos raios do sol;
E um marco não vejo perdido na estrada
Cansada, — não vejo longínquo farol!

E queres que eu sonhe! — Nas águas revoltas
O nauta, ludibrio da horrenda procela,
Se pode dormir,
As vagas cruzadas, em sustos envoltas,
Às soltas — percebe raivosas bramir.

Talvez porém sonha que as ondas mendaces
O levam domadas à terra querida,
Que entrou em seus lares!...
E triste desperta, que os ventos fugaces
Nas faces — a espuma lhe atiram dos mares.

Se queres que eu sonhe, — que alguma alegria
Dormido conheça — que frua prazeres
De um plácido amor;
Vem tu como estrela da noite sombria,
Que enfia — seus raios das selvas no horror,

Brilhar nos meus sonhos. — Então sossegado,
Cismando prazeres, que n'alma se entranham,
D'um riso dos teus
Coberto o meu rosto, — fugira o meu fado
Quebrado — aos encantos de um anjo dos céus.

Vem junto ao meu leito, quando eu for dormido,
Que eu sinta os perfumes que exalas passando;
Não sofro — direi:
E ao menos nas asas de um sonho mentido
Perdido — arroubado, talvez diga: — amei! —

O BAILE

Sonemos gozando
Fortuna tan vana,
Y el sol de manana
Que vea al salir
Que al son de la orquesta
Danzando en la fiesta,
No es carga funesta
La vida feliz.
Zorrilla

As salas vão-se enchendo, as luzes brilham
Nos prismas de cristal repercutidas,
Enquanto as flores
Dos bufetes nas jarras coloridas
Acres odores
Soltam; ao mar de luzes misturando
De inocente perfume outro mar brando

Com requebros e amor gentis donzelas,
Em riso e festa,
Medindo os passos
Aos sons da orquestra;
Pendem dos braços
Do namorado, lépido galã!
Esta risonha, aquela pensativa,
Outra menos esquiva,
Atenta às vozes, que o prazer lhe entranham,
E à frase cortesã,
Que lhe entorna a lisonja nos ouvidos;
Vão descuidosas,
Nos lábios risos,
Nas faces rosas,
Dando fé a protestos fementidos.

Triunfo às belas! o prazer começa:
Correm da taça vinhos espumosos,
Gratos licores;
Tangida pela mão dos Trovadores
Desfaz-se a lira em sons melodiosos,
Em cântico de amores.

Soltam mais viva luz as brancas velas,
Melhor perfume as flores.
Ativa-se o prazer; triunfo às belas!

Aqui, ali, além, mil rostos belos,
Da valsa ao giro rápido se mostram,
De gemas enastrados os cabelos;
        E o peito que anelante
        Palpita intumescido
Nas ondas do prazer ebrifestante,
        D'um leve colorido
        Banha o semblante,
Que mais e mais com a noite se enrubesce:
Triunfo às belas, — o prazer recresce!

Perdido entanto neste mar de luzes,
Mar de amor, de perfumes, que me inunda,
        Contemplo indiferente
        Quanto em redor diviso;
E entre tanto ruído e tanta gente,
        Nem um sorriso
        Verdadeiro, inocente!
Nem um sincero raio de alegria,
Nem um peito contente
Neste mar de perfumes e harmonia!

Então digo entre mim: — Talvez aquela,
        Que tem melhores cores,
        Que mais leda se mostra,
Que mais feliz no gesto se revela,
        Sente mais finas dores;
        O íntimo desgosto,
        A febre que a devora
        Lhe dá calor ao rosto,
        E no silêncio chora,
Presa de uma aflição devoradora.

Uma tristeza funda, inexprimível
        O coração me anseia;
E triste e solitário num recanto,

Nunca mais solitário, nem mais triste
Do que entre a multidão que me rodeia,
Não encontro maior, mais doce encanto
Que deixar-me arrastar por uma ideia,
        Que me avassala a mente.
        Que me importa esta gente,
Estes rostos que vejo e não conheço,
E o riso a que mil outros dão apreço?
        Esta fingida alegria,
        Esta ventura que mente,
Que será delas ao romper do dia?
Destas virgens louçãs as mais mimosas
Mortas serão talvez antes que murchem
Do branco seio as encarnadas rosas!
Grinaldas festivais, que a morte espalha
        No lúgubre terreiro;
        O pó as enxovalha,
Murchas aos pés do esquálido coveiro!

DESALENTO

Without a hope in life!
Crabbe

Nascer, lutar, sofrer — eis toda a vida:
De esperança e de amor um raio breve
        Se mistura e confunde
Às cruas dores d'um viver cansado,
Como raio fugaz que luz nas trevas
        Para as tornar mais feias!

Da verde infância os sonhos melindrosos,
Nobres aspirações da juventude,
        Amor de glória stulto,
Com que mais alto a mente se extasia;
São vãos fantasmas que produz a febre,
        São ilusões que mentem!

São as folhas virentes arrancadas
D'um arbusto viçoso, antes que brotem

Da primavera as flores;
A penugem que nasce antes das asas,
Um estéril botão que não dá flores,
Ou flor que não dá frutos!

Foge, mancebo, lá te espreita o mundo!
Como áreas de um páramo deserto,
Ressequido, abrasado,
Provoca o teu sofrer, teu pranto espia,
Sedento almeja as lágrimas, que entornas
Nos areais da vida.

Se inda tens coração, hão de esmagar-te;
As setas da calúnia irão cravar-te
Na parte mais sensível:
Se tens alma, se elétrico palpitas
De pátria e de virtude aos nomes santos,
Foge outra vez ao mundo.

Não queiras, num acesso doloroso,
Às mãos ambas ferindo o peito crédulo
Exclamar delirante:
"Minha pátria onde está? — Onde estes homens,
Que a par de meus irmãos amar devera,
Da mesma pátria filhos?

E a virtude também, onde hei de achá-la?
Se é mais que nome vão, onde é que existe?
Onde é que se pratica?
Se os modernos Catões a graça esmolam
Do rei — ou, cortesãos da populaça,
Rojam por terra ignóbeis!

Se a mão do poderoso, a mão dourada
Do crime impune — esbofeteia as faces
Do homem vil, que a beija!
Oh! meus irmãos não são, não são os filhos
Desta pátria, que eu amo, — torce o rosto
De os ver a humanidade."

Despe-se a vida então dos seus encantos,
E o homem na lembrança revivendo
O percorrido estádio,
Tem por marcos de estrada os monumentos,
Com que os mais fortes laços se desatam,
— A pirâmide e a campa!

Do sonho juvenil murchas as cores,
Sem ilusões, sem fé — nublado, escuro
O presente e o porvir,
No crepe de abortados pensamentos
Se envolve — e os olhos tesos no sepulcro
A tarda morte aguarda!

Mas eu, qual viajor, vago perdido
Pela face da terra! — amigo lume
Não me convida ao longe;
E ao sentar-me na mesa dos estranhos,
Digo: — longe serei antes do ocaso! —
E a divagar prossigo.

Mal aceito conviva me despeço!...
As calúnias que passo, a dor que sofro,
Não me ferem profundas;
Bem como a rola, que das matas desce,
E nas asas recebe o pó da estrada,
Que voando sacode.

Minha hora derradeira soe em breve,
A só esperança que aos mortais não falha!
Morrerei tranquilo;
Bem como a ave, ao pôr do sol, deitando
Debaixo da asa a tímida cabeça,
Da noite o sono aguarda.

A QUEDA DE SATANÁS
(tradução)

Eis que tomba da abóbada celeste

O arcanjo audaz, o serafim manchado.
Desenrolando o corpo volumoso,
Despenhado precipite, — qual mundo
Dos eixos arrancado, — como um vivo
Dos céus fragmento enorme ele caía!
Caía lá daqueles céus brilhantes,
Donde inda os seus iguais lançavam raios;
Caía! — e a cerviz no espaço ardendo
As esferas dos sóis de cor de sangue,
        Passando, avermelhava.
Ei-lo, o maldito, o arcanjo da blasfêmia,
Rival do criador! — té o imo peito
Pelas frechas da anátema varado,
Como num turbilhão, desce rodando;
Ondas d'um mar de fogo o vem cercando,
        E ele oculta a cabeça,
        Como que procurasse
        Nas entranhas da noite
        Esconder seu desdoiro.

Clamavam — longe — os mundos com voz forte:
"Que insensato! onde vai? Nesse arrojado,
Frenético voar, que vento o impele,
Que de astro em astro vai, d'um céu em outro?
Vede como é sombrio!
Oh! quão outro que está daquele arcanjo
De tão belo semblante,
        Lúcifer radiante,
Cujo sopro era como o romper d'alva,
Que as portas da manhã nos céus abria,
Trazendo consigo a aurora,
Que o seu alento acendia!
Acaso o reconhecestes?
Era ontem brilhante, novo e belo;
E hoje é feio e nu e descalvado,
Nas asas da tormenta balouçado,
        Nas asas dos bulcões;
        E os seus olhos fulminados
        Já sem pupilas fumegam
        Quais crateras de vulcões!"

O arcanjo os escutava, ameaçando-os
Com o olhar fulminante;
Que cheio de ímpio orgulho já sentia
Uma coroa de rei cingir-lhe a fronte.
Todos os astros que no espaço giram
Seus olhos de irritados fascinavam;
E os astros todos de terror tremiam,
Saudando a coruscante realeza.

E já os céus sem fim, estrelas, mundos
Atrás dele se perderam;
E nas profundas solidões do espaço
O arcanjo abandonado apenas via
A noite, e sempre a noite!
Tem medo, olha, procura... — Um astro! um astro
Transviado nos céus! — O arcanjo o avista!
Estende a mão convulsa arrepelando-o;
Segura, arrasta-o, e d'um só pulo ardido
Trá-lo potente ao limiar do inferno,
Alentando açodado.

O errante cometa duas vezes
Ao tetro boqueirão levou consigo,
E duas vezes, como um negro abutre,
Lutando corpo a corpo, de cansaço
Sentiu-se esmorecer.
Duas vezes também o astro vitima,
Suplicando medroso, as ígneas asas
Bateu, sublime grito aos céus mandando.
O nome do Senhor por duas vezes
O rebelde venceu, — ele sozinho
Caiu no fundo abismo.

CANÇÃO DE BUG-JARGAL
(tradução)

Maria, porque me foges,

Porque me foges, donzela?
Minha voz! o que tem ela,
Que te faz estremecer;
Tão temível sou acaso?
Sei amar, cantar, sofrer.

E quando através dos troncos
Descubro de altos coqueiros
Junto às margens dos ribeiros
A sombra tua a vagar;
Julgo ver passar um anjo
Que os meus olhos faz cegar.

E dos lábios teus se escuto
Deslizar-se a voz, Maria,
Cheio de estranha harmonia
Pulsa o peito meu queixoso,
Que mistura aos teus acentos,
Tênue suspiro afanoso.

Tua voz! eu quero ouvir-te
Mais do que as aves cantando,
Que vem da terra voando,
Ondc cu a vida provei;
Da terra onde eu era livre,
Da terra onde eu era rei!

Liberdade e realeza,
Hei de perder da lembrança;
Família, dever, vingança...
Até a vingança me esquece,
Fruto amargo e deleitoso,
Que tão tarde amadurece!

És, Maria, qual palmeira,
Altiva, esbelta, engraçada,
No tronco seu balançada
Por leve brisa fagueira,
No teu amante a rever-te,
Como na fonte a palmeira.

Mas não sabes? — Do deserto
A tempestade valente
Corre às vezes de repente
Por acabar apressada
Com seu hálito de fogo
A palmeira, a fonte amada!

E a fonte já mais não corre!
Sente a verdura sumir-se
A palmeira, e contrair-se
A palma sua ao redor,
Que de cabelos dava ares,
De coroa tendo o esplendor!

De espanhola ó branca filha,
Teme por teu coração;
Teme a força do vulcão
Que vai breve rebentar,
E depois amplo deserto
Só poderás contemplar.

Talvez que então te arrependas
De me haveres desdenhado
Porque houveras encontrado,
Salvação no meu amor;
Como o catá leva à fonte
O sedento viajor.

Porque assim tu me desdenhas
Não, Maria, não o sei
Que dentre as frontes humanas,
Entre as frontes soberanas,
Levanto a fronte; sou rei.

Sou preto, sim, tu és branca;
Mas que importa? Junto ao dia
A noite o poente cria
E cria a aurora também,
Que mais luzentes belezas,

Mais doces do que eles têm.

AGAR NO DESERTO

Pálido o rosto e queimado
Pelo sol do Egito ardente,
Saía a escrava inocente
Com o filho inocente ao lado
Da tenda patriarcal.
A pobrezinha chorava!
Alguns pães e um frasco d'água
E um peito cheio de magoa!...
Vê, contempla, oh triste escrava,
Teu sepulcro no areal.

Abrahão se compadece;
Mas debalde o solicita
Piedade santa, — de aflita
Sem queixar-se, lhe obedece
A triste escrava do amor,
Quisera talvez detê-la...
Porém que? — Sarai lhe implora,
Deus lhe ordena: — vai-te embora,
Vai-te escrava; e a tua estrela
Te depare outro senhor.
O sol brilhante nascia
Sobre as tendas alvejantes,
E n'outros pontos distantes
Combros de areia feria,
Outrora leito d'um mar;
Esse caminho procura,
Que nas ondas do deserto
Talvez ache por acerto
Pátria, abrigo, amor, ventura
A prole infausta de Hagar.

Vai, caminha; mas ao passo
Que no deserto se entranha,

Arde o sol com fúria estranha,
Racha a areia o pé descalço,
Cresta o vento os lábios seus;
E ao lado o filho inocente
Soltava tristes gemidos,
Com os olhos umedecidos
Fitando a mãe ternamente,
Que os olhos tinha nos céus!

Procura terras do Egito;
Porém debalde as procura:
Vai a triste, sem ventura,
Lento o passo, o rosto aflito,
Pela inculta Bersabé.
Seu Ismael desfalece;
No deserto imenso, adusto,
Não enxerga um só arbusto:
Jeová deles se esquece!
Cresce a dor, e míngua a fé.

Pede sombra o triste infante:
Não há sombra, — água suplica;
Exaurido o vaso fica,
Pede mais de instante a instante...
Pobre escrava, oh! quanto dó!
Pudesses rasgar as veias,
Tornar águas inocentes
Tuas lágrimas ardentes;
Mas só vês d'um lado areias,
D'outro lado areias só.

Pois não há quem o proteja,
Diz a escrava lá consigo,
Vendo o fado seu inimigo,
Meu filho morrer não veja,
Bem que eu tenha de morrer.
A um tiro de arco distante
Se arrasta com lento passo,
Tomba o corpo enfermo e lasso,
E amargo pranto abundante

Deixa dos olhos correr.

Deus porém ouvia a prece
Da escrava, da mãe coitada,
E da celeste morada
Librado um arcanjo desce
Nas asas da compaixão.
Expira em torno ar de vida,
Um aroma deleitoso,
E num sonho aventuroso
Hagar seus males olvida,
Olvida a sua aflição.

Dorme e sonha, oh! triste escrava,
Deus senhor sobre ti vela!
Dorme e sonha: — a tua estrela
Nasce como um romper d'alva
Sobre os netos de Ismael.
Esquece a sorte mesquinha,
Que te vexa, — esquece tudo;
Deus senhor é teu escudo,
Já não és serva, és rainha
De outro reino de Israel.

Como quando elevados nas alturas
Descobrimos incógnitas paisagens,
Densas florestas, áridas planuras
E de rios caudais virentes margens;
Assim da vida o sonho te arrebata,
Rasgando o véu do tempo e do infinito,
E uma cena vistosa te retrata,
Que vai da Arábia ao portentoso Egito.

Vê como o filho teu, feroz guerreiro,
Nos prainos do deserto eleva as tendas,
E, posto a seus irmãos sempre fronteiro,
Provoca e trama aspérrimas contendas.

São doze os filhos — doze reis potentes —
Com eles Ismael tudo avassala;

É sua espada a lei das outras gentes,
Seus decretos os campos da batalha.

A sorte seus desígnios favoneia,
Segue seus passos a benção divina,
Povoa-se Faran, surge da areia
De Meca o templo, os paços de Medina.

Crescem, dominam: largo reino ingente
Mesquinha habitação presta a seus netos,
Convertida em nação a grei potente,
Que oprime a cerviz móbil dos desertos.

Mas entre os filhos seus de nomeada,
Superior dos heróis à grande altura,
Na sinistra o alcorão, na destra a espada,
A efígie torva de Maomé fulgura.
Curva-se a Arábia entanto, a Palestina
À sua lei, da Pérsia o reino antigo;
Escutam Ásia e África a doutrina
Do embusteiro que em Meca achou jazigo:

Mensageiro divino se declara
Aquele que iludido o mundo adora;
Hagar é mãe, — pela vergôntea cara,
Entre orgulhosa e triste, a Deus implora.

Pecou; porém da glória que o circunda
A roxa luz, que o meteoro imita,
De viva resplendor a fronte inunda,
Comove o peito a mísera proscrita.

Curvado ao jugo seu todo o oriente,
Ainda a Europa inveja o Ismaelita;
E em frente à cruz, o pálido crescente
Aparece na grimpa da mesquita.

Oh! quanto humano sangue derramado!
Que de prantos e lágrimas vertidas!
Entre irmãos o combate é porfiado,

A raiva intensa, as lutas mal feridas.

De avistar esse quadro tão medonho,
Embora no porvir todo escondido,
A escrava tenta orar; porém no sonho
Resume a prece em lânguido gemido.

Geme de ver em fúria carniceira
A esposa de Maomé desrespeitada,
E do seu genro a dinastia inteira
Por duro azar de guerra contrastada.

Sucedem-se os Omíades valentes;
Do seu último rei, oh dor! se coalha
O sangue na mesquita: entre essas gentes
Vinga o punhal a sorte da batalha.

O vencedor então, não poucas vezes,
Chegando à boca a taça corrompida,
Experimenta os tristíssimos revezes,
De quem sobre os troféus exala a vida!

Tudo é silêncio e luto: — um só evita
O negro olvido, — ao templo da memória
Voa Al-Reschid, — unindo à glória avita
O louro da ciência e o da vitória.

Com seu vizir à noite pelas ruas
Escuta dos estranhos mercadores
A glória d'outros reis, menor que as suas,
E espreita do seu povo as agras dores!

Se ouviu a narração d'uma desgraça,
Se o pobre vê curvado a prepotência,
Se o convidam a entrar, quando ele passa,
No abrigo do infortúnio e da inocência,

Entrou e viu! mas o fulgor crastino
Ri-se mais brando aos peitos sofredores;
Passa o rei, como orvalho cristalino,

E, por onde passou, rescendem flores.

Mudado o sonho a fugitiva escrava
Estranhos povos nota, estranhas terras,
Que o Darro ensopa e o Guadalete lava,
Nadando em sangue de cruentas guerras.
Quem foi que as altas portas
Abriu de Espanha aos mouros;
Que pôs os verdes louros,
Dos reis godos conquista,
Às plantas do infiel?
De tantos males causa
Tu foste, oh rei Rodrigo,
Tornando infesto, inimigo,
O nobre conde, outrora
Vassalo teu fiel.

Debalde o afeto encobres
Do refalsado peito,
Se vais furtivo ao leito
Da virgem, que se mostra
Rebelde ao teu amor:
Que és godo e rei te esqueces
E o nobre ressentido
Da ofensa que há sofrido
No teu exemplo aprende
A ser também traidor.

Enquanto pois devassas
Com torpes pensamentos
Os régios aposentos
Da nobre moça, — a coroa
Te cai da fronte ao chão;
E o pai, que a afronta punge,
Turbado, ardendo em ira,
Aos pés do mouro a atira,
Que o rei, que planta o crime,
Recolhe vil traição.

Sus, oh rei, às armas!

Empunha a larga espada,
E a fronte sombreada
Com o negro elmo — deixa
Tingir-se em nobre pó:
De encontro as alas densas
Do bárbaro inimigo
Debalde, oh! rei Rodrigo,
Te arrojas! — vence à força,
Foges vencido e só!

Vai só; mas ocultando
No manto d'um soldado
O rosto demudado,
Enquanto passa o campo,
Escasso leito aos seus:
Ai! triste rei caído!
Na solitária ermida,
Que abriga a inútil vida,
No pó colada a fronte,
Lembra-te enfim de Deus.

Lembrem-te os muitos erros
E o crime grave, enquanto
As mães godas em pranto
O nome teu maldizem,
E ao céu clamando estão.
Enquanto pela Ibéria
O árabe audaz e forte,
Espalha o susto, a morte,
Por onde quer que solta
Ao vento o seu pendão.

Passam avante, calcam
Dos Pirineus as serras,
Levando cruas guerras
Ao dilatado império
Do intrépido gaulês.

Debalde o grande Carlos
Opõe-se-lhes, — que a história

Nos traz inda à memória
Dos tristes Roncesvalles
O mísero revés.

Porém do largo império
De Córdoba e Granada
A coroa cai pesada
Na fronte amolecida
Do moço Boabdil.
O fraco teme os ecos
Ouvir da acesa guerra,
E perde a nobre terra
Ganhada em mil batalhas
Com pranto feminil.

Depois inda outros quadros
Enxerga no futuro;
Mas é um ponto escuro,
São formas vagas, postas
Em duvidosa luz.
Já naves são, já hostes,
Tropel de vária gente,
Que parte do ocidente,
Em cujos peitos brilha
De Cristo a roxa cruz.

Hagar enfim acorda!
Sustendo o filho caro
Pelo deserto avaro
Se entranha novamente,
Mais solto o coração.
Parece que já sente
No rosto ao belo infante
A glória radiante,
Que espera os descendentes
Da forte geração.

E como Deus lhe há dito,
Seus filhos são guerreiros,
Que a seus irmãos fronteiros

Cruentos prélios movem:
Temidos são; porém
As filhas desses bravos
Da vida sequestradas
Escravas são coitadas,
Que da materna origem
Recordam-se no Harém.

Vai, caminha, oh triste escrava,
Deus Senhor sobre ti vela;
Vai, caminha: a tua estrela
Nasce como um romper d'alva
Sobre os netos de Ismael.
Esquece a sorte mesquinha
Que te vexa, esquece tudo
Deus Senhor é teu escudo:
— Já não és serva, és rainha
D'outro reino Israel.

HINOS

O MEU SEPULCRO

Éleve-toi, mon ame, au dessus de toi même,
Voici l'épreuve de ta foi!
Que l'impie, assistant à ton heure supreme,
Ne dise pas: Voyez, il tremble comme moi!
Lamartine—Harmonies

Quando os olhos cerrando à luz da vida
O extremo adeus soltar às esperanças,
Que na terra nos guiam, nos confortam
E espaçam do porvir a senda estreita;
Quando, isento de míseros cuidados,
Disser adeus às ilusões douradas,
Mas com elas também as dores cruas
Da existência — aos espinhos pontiagudos,
Com que a verdade o coração nos roça;
Quando tocada não sentir minha alma
Da luz, dos sons, das cores, das magias,
Que a natureza pródiga derrama
No regaço da terra — mais ditoso
Serei acaso então? — Quando o meu corpo
À terra, nossa mãe, pedindo abrigo
Dos sepulcros no vale em paz descanse,
Hei de ser mais feliz porque me cobre
Pomposo mausoléu, em vez da pedra
Sem nome, — em vez do túmulo de céspedes,
Que se ergue junto à estrada, e ao viandante,
Ao que ali passa uma oração suplica?
Não! — ao encalmado é grata a sombra;
Grato descanso aos membros fatigados
Presta igualmente a relva das campinas
E os torrões pelo sol endurecidos.
Como o trabalhador que a sesta aguarda,
O meu termo fatal sem medo espero!

Eu então pedirei silêncio à morte,
E fresca sombra à sepultura humilde,
Que me receba, — e a cuja superfície
Morram sem eco da existência as vagas.

Humilde seja embora! Que me importa
Que a mão de hábil artista me não talhe
Mentiroso epitáfio em preto mármore!
O momento faustoso, que se erige,
Arranco da vaidade, sobre a campa
De um corpo transitório, acaso só empece
Aos que ali pascem, vermes esfaimados
De roerem-lhe as vísceras?! — Solenes
São da campa os mistérios; mas terrível
É da morte a rasoura, que nivela
O rico ao pobre, e os berços diferentes
Torna um féretro, um leito de Procusto,
Capaz de quanta dor os homens sofrem:
Tão depressa o cadáver se corrompe
Nas amplas dobras do veludo envolto,
Como embrulhado na mortalha exígua,
Que a religiosa caridade amiga,
O pudor dos sepulcros venerando,
Lança do pobre aos restos desprezados.

Os felizes do mundo acobardados
Ante a imagem da morte, que os assalta,
Temem deixar a terra, onde tranquila,
Quase livre de dor, entre delícias,
Como um rio caudal lhes corre a vida.
Horrorizam-se tímidos, — suplicam
À cruel, que os não leve, que os não roube
À senda matizada, onde os seus passos
Deslizam-se macios — às carícias
D'um seio que lhes presta brando encosto.
O fio da esperança os liga forte
A um corpo que declina, como os lios
De enrediça tenaz prendida à copa
D'uma árvore comida: amedrontados,
Como das faces negras d'um abismo,

Do pavoroso túmulo recuam.
Mas eu que vago solto, como a folha,
Como o fumo sutil, que não limito
Nos términos da terra os meus desejos,
Folgo de ver os renques dos sepulcros
No chão da morte largamente esparsos!
Quase me alegra vê-los. Tal no exílio
Contempla à beira-mar o degradado
Devolverem-se as vagas, — e saudoso
Da pátria sua tão distante — as conta;
Uma por uma as interroga, e pensa
Qual daquelas será que o leve e atire,
Náufrago embora e semimorto, às praias;
Porque choram seus olhos. — No desterro
Me contemplo também, — como ele, choro
A pátria, o ímã dos meus sonhos gratos.
Abra-se funda a cova ante os meus passos:
Um só deles da morte me separe!...

E esse passo andarei, como quem pisa,
Depois de viajar remotos climas,
O pátrio solo, e as auras perfumadas
Do bosque, amigo seu na leda infância,
Bebe de novo, e de as gozar se aplaude.

Hora do passamento! és da existência
O momento mais santo, o mais solene:
Assim o rubro sol, quando no ocaso
Em turbilhões de púrpura se afunda,
Nos morredouros, despontados raios
Saudoso, extremo adeus à terra envia.
Tal o esposo se aparta suspiroso
E nas asas da brisa manda um beijo
À esposa, que de o ver partir se enluta,
Rola que vaga na amplidão das selvas.

Cheio de melancólica incerteza,
Dir-te-ei: bem-vinda! — ó morte, quando os olhos
Voltar atrás na percorrida estrada;
E chorarei talvez, como quem deixa

O cárcere medonho, onde engastada
Nas escarnas da dor gemeu sua alma
Largos anos de antigo sofrimento.
Esse câncer que inda as lágrimas lhe verte
Das úmidas paredes, cujos ecos
Inda parecem na solidão da noite
Repetir seus tristíssimos acentos.

Oh! quão formosa a vida se revela
A quem já bate as portas do infinito,
Encostado aos umbrais da eternidade,
A vez extrema contemplando o mundo!
A folha já mirrada, a pedra solta,
A flor agreste, a fonte que murmura
E as cantoras do céu, as ledas aves
De variado esmalte, e as suspirosas
Brisas da noite e as do romper da aurora,
A estrela, o sol, o mar, o céu, a terra,
A planta, os animais, tudo então vive,
Tudo conosco simpatiza, — tudo,
Como orquestra afinada por nossa alma,
Acorde aos nossos sentimentos vibra,
Revelando ao que morre os fins da vida.
Dali melhor compreende-se a existência,
Mais vasta perspectiva se desdobra
Ante os olhos, que a extrema vez lampejam:
E as cenas que a ilusão junca de flores,
Que o desejo nos mostra, que nos pinta
Cobiçoso, irisante, — que a esperança
Fugaz de vários modos nos matiza;
Glória ambição, prazer, falaz ventura,
Tudo se olvida e apaga — semelhante
À fugitiva estrela ou clarão breve
D'um relâmpago estivo, que una momento
Se mostra e fulge, logo imerso em trevas.

Que importa que eu não tenha uma só coroa
Um mirrado laurel, uma só folha,
Que às novas gerações diga o meu nome
E solicite as atenções futuras?

Sou como o passarinho, quando passa
A flor de um lago e a sombra vacilante
No líquido cristal debalde estampa.
Ou semelhante ao viajor que bate
Da vida a estrada pulvurenta, e nota
Como os seus rastos mal impressos cobre
O pó que de seus passos se levanta.
Ah! que dos louros me não dói a ausência!
Mas de lágrimas, sim, que me orvalhassem
A sepultura humilde, — a cujas gotas
Meus ossos de prazer estremecidos
De as sentir se alegrassem... — mas em troco
Dessa pia oblação, que tantas vezes
Mente ao finado, que as espera eterno,
As lágrimas terei da noite fria,
O fresco humor da chuva, que me eduquem
A agreste flor, que a natureza obriga
A despontar na solitária campa.

Ninguém virá com titubeantes passos
E os olhos lacrimosos, procurando
O meu jazigo; e em falta de epitáfio,
"Ele aqui jaz!" o coração lhe diga,
E ali se curve então, fundos suspiros
Dando aos ecos do fúnebre recinto,
Envoltos na oração que alegra os mortos.
Certo, ninguém virá; porém tão pouco
Ouvirei maldições, onde escondido,
Já pasto aos vermes, jazerá meu corpo.
Se deixo sobre a terra alguma ofensa,
Se alguma vida exacerbei, se acaso
Alguma simples flor trilhei passando;
Essas, depois d'eu morto, convertidos
Os ódios em piedade. — "Em paz descansa"
Dirão ante o meu túmulo, e voltando
A um lado o rosto, — deixarão dos olhos
Compassiva uma lágrima fugir-lhes!

Tu, Senhor, tu, meu Deus, tu me recebes
Na tua saneia glória: alarga as asas

Do teu santo perdão, que ao teu conspecto
Humilhado me sinto, como a grama,
Que o pé do viajor sem custo abate.
A ti volvo, oh! Senhor, — bem como o filho
Que ao sopro das paixões soltando as velas
Da juventude ardente, foge ao teto
E ao lar paterno, onde por fim se acolhe,
Consumido o tesouro da inocência,
Com rubor dos andrajos da pobreza,
Que o vexa, — para ver do pai o rosto,
Para escutar-lhe a voz, embora tenha
Sobre a cabeça a maldição pendente.

SAUDADES

À minha irmã
J. A. de M.

I

Eras criança ainda; mas teu rosto
De ver-me ao lado teu se espanejava
À luz fugaz de um infantil sorriso!
Eras criança ainda; mas teus olhos
De uma brandura angélica, indizível,
De simpáticas lágrimas turbavam-se
Ao ver-me o aspecto merencório e triste,
E amigo refrigério me sopravam,
Una bálsamo divino sobre as chagas,
Do coração, que a dor me espedaçava!
A luz de uma razão que desabrocha,
As leves graças, que a inocência adornam,
Os infantis requebros, as meiguices
De uma alma ingênua e pura — em ti brilhavam.
Eu, gasto pela dor antes de tempo,
Conhecendo por ti o que era a infância,
Remoçava de ver teu rosto belo.
Pouco era vê-lo! — em ti me transformava;
Bebendo a tua vida em longos tragos,
Todo o teu ser em mim se transfundia:
Meu era o teu viver, sem que o soubesses,

Tua inocência, tuas graças minhas:
Não, não era ditoso em tais momentos,
Mas de que era infeliz me deslembrava!

Tinhas sobre mim poder imenso,
Indizível condão, e o não sabias!
Assim da tarde a brisa corre à terra,
Embalsamando o ar e o céu de aromas;
Enreda-se entre flores suspirosa,
Geme entre as flores que o luar prateia,
E não sabe, e não vê, quantos queixumes
Apaga — quantas mágoas alivia!
Assim durante a noite o passarinho
Em moita de jasmins derrama oculto
Merencórias canções nos mansos ares;
E não sabe, o feliz, de quantos olhos
Tristes, mas doces lágrimas, arranca!

II
Perderam-te os meus olhos um momento!
E na volta o meu rosto transtornado,
As vestes lutuosas, que eu trajava,
O mudo, amargo pranto que eu vertia,
Anúncio triste foi de uma desdita,
Qual jamais sentirás: teus tenros anos
Pouparam-te essa dor, que não tem nome.
De quando sobre as bordas de um sepulcro
Anseia um filho, — e nas feições queridas
D'um pai, d'um conselheiro, d'um amigo
O selo eterno vai gravando a morte!
Escutei suas últimas palavras,
Repassado de dor! — junto ao seu leito,
De joelhos, em lágrimas banhado,
Recebi os seus últimos suspiros.
E a luz funérea e triste que lançaram
Seus olhos turvos ao partir da vida
De pálido clarão cobriu meu rosto,
No meu amargo pranto refletindo
O cansado porvir que me aguardava

Tu nada viste, não; mas só de ver-me,
Flor que sorrias ao nascer da aurora
No denso musgo dos teus verdes anos,
A procela iminente pressentiste,
Curvaste o leve hastil, e sobre a terra
Da noite o puro aljôfar derramaste.
III
O encanto se quebrara! — duros fados
Inda outra vez de ti me separavam.
Assim dois ramos verdes juntos crescem
Num mesmo tronco; mas se o raio os toca,
Lascado o mais robusto cai sem graça
De rojo sobre o chão, enquanto o outro
Da primavera as galas pavoneia!
Já não há quem de novo uni-los possa,
Quem os force a vingar e a florir juntos!

Parti, dizendo adeus à minha infância,
Aos sítios que eu amei, aos rostos caros,
Que eu já no berço conheci, — àqueles
De quem malgrado, a ausência, o tempo, a morte
E a incerteza cruel do meu destino
Não me posso lembrar sem ter saudades,
Sem quc aos meus olhos lágrimas despontem.
Parti! sulquei as vagas do oceano;
Nas horas melancólicas da tarde,
Volvendo atrás o coração e o rosto,
Onde o sol, onde a esperança me ficava,
Misturei meus tristíssimos gemidos
Aos sibilos dos ventos nas enxárcias!

Revolvido e cavado o negro abismo,
Rugia indômito a meus pés: sorvia
No fragor da procela os meus soluços;
Vago triste e sozinho sobre os mares,
— Dizia eu entre mim, — na companhia
De crestados, de ríspidos marujos,
Mais duros que o seu côncavo madeiro!
Ave educada nas floridas selvas,
Vim da praia beijar a fina areia.

Subitâneo tufão arrebatou-me,
Perdi a verde relva, o brando ninho,
Nem jamais casarei doces gorjeios
Ao saudoso rugir dos meus palmares;
Porém a branca angélica mimosa.
Com seu candor enamorando as águas,
Floresce às margens do meu pátrio rio.

IV

Largo espaço de terras estrangeiras
E de climas inóspitos e duros
Interpôs-se entre nós! — Ao ver nublado
Um céu de inverno e as árvores sem folhas,
De neve as altas serras branqueadas,
E entre esta natureza fria e morta
A espaços derramados pelos vales
Triste oliveira, ou fúnebre cipreste,
O coração se me apertou no peito.
Arrasados de lágrimas os olhos,
Segui no pensamento as andorinhas,
Invejando-lhe os voos! — procuravam,
Como eu também nos sonhos que mentiam,
A terra que um sol cálido vigora,
E em frouxa languidez estende os nervos.
Pátria da luz, das flores! — nunca eu veja
O sol, que adoro tanto, ir afundar-se
Nestes da Europa revoltosos mares;
Nem tíbia lua envolta em nuvens densas,
Luzindo mortuária sobre os campos
De frios seus queimados. — Ai! dizia,
Ai daquele que um fado aventureiro,
Qual destroço de mísero naufrágio,
A longínqua e remota plaga arroja!
Ai daquele que em terras estrangeiras
Corta nas asas do desejo o espaço,
Enquanto a realidade o vexa entorno
E opresso o coração de dor estala!
Onde a pedra, onde o seio em que descanse?
Que arbusto há de prestar-lhe grata sombra
E olentes flores derramar com a brisa

Na fronte encandecida? Peregrino,
Fere o peito de encontro aos espinheiros!
Insensível a dor, na sua marcha,
Não, não atende ao termo da jornada;
Mas volta atrás o rosto, — e entre as sombras
Confusas do horizonte — enxerga apenas
O débil fio da esperança teso,
E da ingrata distância adelgaçado!

E todavia amei! pude um momento
Ver perto a doce imagem debruçada
Nas águas do Mondego, — ouvir-lhe um terno
Suspiro do imo peito, mais ameno,
Mais saudoso que as auras encantadas,
Que entre os seus salgueirais moram loquazes!
Foi um momento só! — talvez agora
Nas mesmas águas se repete imagem
Dos meus sonhos de então! — talvez a brisa,
Nas folhas dos salgueiros murmurando,
Meu nome junto ao seu repete aos ecos,
Que eu triste e longe dela escuto ainda!

Sim, amei; fosse embora um só momento!
Meu sangue requeimado ao sol dos trópicos
Em vivas labaredas conflagrou-se.
Feliz naquele incêndio ardeu minha alma,
Um ano, talvez mais! Qual foi primeiro
A soltar, a romper tão doces laços
Não pudera dizê-lo, em que o quisesse.
Tão louco estava então, — dores tão cruas,
Mágoas tantas depois me acabrunharam,
Que desse meu passado extinta a ideia,
Deixou-me apenas um sofrer confuso,
Como quem de um mau sonho se recorda!
Assim depois de arder um denso bosque
Dos ventos a mercê revoa a cinza
Num páramo deserto! Nada resta;
Nem se quer a vereda solitária,
A cuja extremidade o amor velava!

V

Rotos na infância os laços de família,
Os fados me vedavam reatá-los,
Ter a meu lado uma consorte amada,
Rever-me na afeição dos filhos caros,
Viver neles, curar do seu futuro
E neste empenho consumir meus dias;
Mas ao menos, — pensava, — ser-me-á dado
Amimar e suster nos meus joelhos
Da minha irmã querida a tenra prole,
incliná-la a piedade, — e ao relatar-lhe
Os sucessos da minha vida errante,
Inocular-lhe o dom fatal das lágrimas!
Essa mesma esperança não me ilude;
Ave educada nas floridas selvas,
Um tufão me expeliu do pátrio ninho.
As tardes dos meus dias borrascosos
Não terei de passar, sentado à porta
Do abrigo de meus pais, — nem longe dele,
Verei tranquilo aproximar-se o inverno,
E pôr do sol dos meus cansados anos.

viena | gráfica

Impressão e Acabamento:
www.graficaviena.com.br
Santa Cruz do Rio Pardo - SP